박소영의
교육바로세우기

공교육 걱정없는 세상

박소영 지음

공정한 세상을 꿈꾸며... 나는 외쳤다...

대한민국 교육에 진심인 학부모로서 대한민국의 교육을 말하고,
대한민국 국민으로서 그리고 두 아이의 엄마로서
진심을 다해 살아온 이야기

공교육 걱정없는 세상

초판 1쇄 인쇄 2023년 12월 01일
초판 1쇄 발행 2023년 12월 07일

펴낸이 박소영
펴낸곳 쏘울북스

책임편집 이남희
디자인 쏘울북스

출판등록 2014년 8월 7일 제 2021-000075호
주소 서울시 마포구 월드컵로 8길 72, 102호
대표전화 02-2274-8175
이메일 soulbs5771@naver.com

* 이 책의 판권은 지은이에게 있습니다.
* 이 책의 내용 전부 또는 일부를 재사용하려면 반드시 지은이의 서면 동의를 받아야 합니다.

ISBN 979-11-958193-1-7 (03340)
값 18,000원

추천사

맹모가 뭘 잘못했는데요?

대한민국 교육 성공의 비결을 물으면 자동 테이프처럼 나오는 답은 탐욕스런 교육열이라고 한다. 그러나 가장 화나는 일은 그를 부끄러워한다는 것이다. 또한 일류대학 나오고 미국 유학까지 가서 이른바 출세한 고관대작분들일수록 교육열을 망국병이라며 쓸어없애야 한다고 앞장 서서 외친다는 현실이다.

사교육 학원 문제풀기 일류학교 때려잡기를 넘어서서 줄세우기 경쟁교육을 없대야한다면서 학교에서 시험을 없애고 대입수능시험을 무력화하려든다.

조용히 차근차근 그 내심을 들여다보면 스카이대학 의치한 학과 입학도 추첨배정하지 못할 것 없잖느냐는 투다. 하~~ 이건 뭐 ~~

말 그대로 완장질 선동질로 붉게 물든 반지성 반자유의 시대요 사회가 오늘날 대한민국이다.

역사 법칙이 화무십일홍이고 노상달밤이 아니듯 인류사의 기적을 이룬 우리라고 별수있으랴 싶지만 이건 빨라도 너무 빨리 사그라드는것 아닌가 싶다.

대한민국의 맹모이며 치열하게 살아가는 아줌마 박소영은 외친다. 우리가 뭘 잘못했나요? 자식 새끼 잘 키우고 잘 가르치고 훗날 내 늙어 힘없을때 효도 받자는 것이 무슨 죄란 말입니까. 우리 부모님 세대가 우리를 이렇게 키우고 잘먹고 잘살수있게 했듯 우리도 그렇게 역사의 법칙을 따를 뿐인데 말입니다.

우리 부모님들께서는 학교와 선생님들을 믿고 우리들을 만사 제치고 땡빚을 빌어 자녀들을 맡겼습니다. 그게 전부였고 선생님께 회초리라도 맞고 오는 날이면 아이들을 더욱 혼냈습니다. 그런데 학교가 언제부터인가 믿기 어려워졌습니다.

영어도 안 가르쳐주고 대입 지도도 알아듣지못할 말들만 들려주었습니다. 결국 입시설명회에 다니고 학원레테와 지능검사기관을 찾아다녀야했습니다.

학부모 박소영은 가만 있을수 없없습니다. 이건 뭔가 잘못되었다. 크게 잘못되었기에 팔 걸어부치고 아스팔트로 나와 외쳐야만 했습니다. 내일이면 늦기에 박소영은 오늘 외칩니다 두꺼운 책 깨알 같은 글씨도 읽고 귀동냥도 열심히 합니다. 각자 홀로 눈물흘리던 맹모들을 찾아 나서고 힘을 모읍니다.

격하게 응원합니다. 작은 힘이라도 보태겠습니다.

충남대학교 교육학과 명예교수
천세영

추천사

**전문작가도 교육학자도 전문가도 아닌,
시민단체 대표 박소영의 책입니다.**

박소영 대표는 조용한 리더십으로 정시확대를 이루어낸 실적을 가지고 있는 지도자입니다. 서류작성의 권한을 가지고 있는 고등학교 진학교사 및 담임 교사, 이상론만 빠진 교육계 전문가나 학계에서 모두 학생부종합전형의 확대만을 요구하고 그 전형제도가 가져올 수 있는 폐해에 관심을 가지기 전부터 학부모로써 관심을 가져왔습니다.

관심이 아니라 아들의 입시 경험을 통해 알게된 마음과 뇌리에 사무치는 제도의 불공정함 때문이었습니다. 학생의 패자부활전을 허용하지 않고 부모까지 입시의 마수에 묶어 놓는 학생부종합전형 때문에 엄마 박소영은 박소영 대표가 되었습니다.

박소영 대표처럼 많은 학부모들과 학생들이 그 불공정과 부당함을 경험하며 개선을 요청했지만 정부, 학계, 교사 및 교육계 전문가들은 눈을 감고 귀를 막았던 시절이 꽤나 길었습니다. 수능 시험으로 대표되는 시험을 악마화하고 교사들이 써주는 믿을 수 없는 추천서와 검증불가능한 자기소개서는 천사의 얼굴로 위장되던 때였습니다.

그렇게 아름답던 교사추천서와 자기소개서는 왜 없어졌는지 기억하지 못하는 사람들이 많지만, 그 추악한 가면을 벗겨내기 위하여 엄마 박소영은 눈물을 흘렸고 박소영 대표는 목소리를 높였습니다. 작지만 간절한 목소리에 귀기울이며 대변되지 않는 학부모들과 학생들의 마음을 어루만지고 대신 목소리를 냈습니다.

그런 노력의 일환으로 2018년 '대입제도개편을 위한 공론화위원회'에 참여하여 학부모들과 학생들의 목소리를 대변하였고, 그 결과는 정시 비중 45% 확대 의견이 국민의 지지를 가장 많이 받는 1등을 차지했습니다. 위원회의 무의사결정으로 1등 의견이 반영되지는 않았지만 수시확대, 즉 학생부종합전형의 문제를 사회에 널리 알리는 큰 역할을 했습니다. 대통령 공약은 물론이거니와 국민의 뜻도 무시하던 진보 교육의 아집스러운 학생부종합전형 확대 노력은 공론화위원회의 결정마저도 뒤집어버린 것이었다. 위원회의 발표는 '1안과 2안이 각각 1, 2위였으나 통계적으로 유의미한 차이가 나지 않는다'고 발표하여 답이 나지 않았다고 했다. 1안은 정시 비중을 45%이상으로 선발해야하는 안이고, 2안은 대학 자율에 맡기는 안이었다. 5점 만점에 1위는 3.40점, 2위는 3.27점이었다. 각각의 지지비율은 52.5%와 48.1%였다. 위원회의 발표는 통계적으로 유의미한 차이가 나지 않아서 결론이 나지 않았다는 것이었습니다. 만약 수시확대를 꾀하는 2안이 1등을 했다면, 당시 분위기로 볼 때 '통계적으로 유의미하지 않다'는 이유로 결정을 유보하지는 않았을 것입니다. 조정되지 않은 정책 혼선이 가져온 불행이었습니다.

이후에도 박소영 대표는 상식적인 노력을 비장하게 그리고 열심히 수행했습니다. 이러한 노력의 결실이 더하여 2019년 문재인 대통령이 직접 나서서 이 문제를 풀기에 이르는 형국까지 이르렀습니다. 대통령의 결정을 통해서 정시가 확대되는 교육정책의 일대 변환을 가져오게 되었습니다.

일어나길 바랬지만 안 일어날 것 같은 일이 일어난 것이었습니다. 문제의 핵심을 정확하게 파악하고, 양식있는 다수 국민들의 지지를 받는 의견에 대한 신념을 가지고 있었기 때문에 결국 대한민국을 설득할 수 있었던 것입니다.

결국 엄마 박소영이 학부모를 대표하여 줄기차게 주장한 의견을 대통령이 수용하고, 그 의견으로 정부와 여당을 설득시키는 모양새가 되었습니다. 누구도 하지 못한 일을 굽히지 않고 조용히 그러나 강단있게 처리하여 정책을 바꾸는 결과를 가져온 것입니다. 관료도, 전문가도, 학자도 하지 못한 일을 학부모 대표가 해낸 것입니다.

  정시확대를 위한 노력뿐만 아니라 교육의 공정성 회복을 위한 다양한 활동을 했습니다. 숙명여고 비리현장, 조국 전 장관 자녀 문제와 같은 입시 관련 불공정의 현장에 늘 박소영 대표가 있었습니다. 여야 보수진보 청년장년과 상관없이 상식과 정의가 통하지 않는 교육의 부조리한 모습에는 늘 분개하며 상식있는 학부모들의 대표로 그 자리에 섰습니다. 남들이 나서지 않는 옳은 일에 나섰기 때문에. 침묵하지 않았기 때문에 누구보다 떳떳하게 자녀들의 교육과 입시에 대해서 이야기할 수 있는 박소영 대표가 되었습니다.

  박소영 대표가 그 동안의 경험과 지혜, 엄마토써의 흐느낌과 학부모 대표로 포효를 책으로 냈습니다. 박소영 대표의 열정과 활동, 그리고 성실함과 지혜로움을 옆에서 지켜본 사람으로 이 책의 추천서를 작성합니다. 저하고 모든 생각이나 방향이 일치하지 않는 걸 알기 때문에 추천서 써달라는 부탁을 하기가 어렵다는 주저함이 이 추천서를 더 쓰게 합니다.

  이 책에 담긴 내용이나 방향을 다 이해하고 지지해서 쓰는 추천서가 아니라 인간 박소영에 대한 신뢰 때문에 쓰는 추천서입니다.

두 아이의 엄마로써 느낀 절망감과 미안함을 개인의 좌절과 분노로 그치지 않고, 같은 학부모의 마음으로 묶어낸 순수함 때문입니다. 권력과 조직, 집단이 주는 위압 대신 시민의 연대를 소중하게 생각한 그 믿음 때문입니다. 학생이 스스로 공부해서 얻은 성취가 교사가 작성해 준 서류보다 그 학생에게 더 의미있다는 상식 때문입니다.

전문작가도, 교육학자도, 전문가도 아닌 저자가 쓴 책입니다. 그러나, 엄마 박소영 대표가 담긴 책이기 때문에 가치가 있는 책입니다. 그 가치를 독자와 시민 여러분과 나누고 싶습니다.

2023.10.
박소영의 친구
한국학중앙연구원 박대권 교수

프롤로그

공정한 세상을 꿈꾸며… 나는 외쳤다…

나는 대한민국 국민이다.
그리고 두 아이의 엄마다.
두 아이가 살아갈 대한민국이 공정(公正)하길 바란다.

그 간절한 마음을 담아
2018년 1월, 나는 용기 내어 세상을 향해 목소리를 냈다.

큰 아이가 생전 처음 스스로 노력해서 얻은 값진 결과
그러나 먹고 사느라 바쁜 부모에겐 너무 어려운 입시
입시가 이렇게 복잡한 것을 나만 몰랐던 걸까
뒤늦은 후회와 죄책감 때문에 엄마로서 뭐라도 해야 했다.

그렇게 시작한 입시 비리 근절, 정시 확대 운동

그 과정은 결코 만만치 않았다.
전 정권을 적폐로 몰아 정권교체를 이뤄낸 정부,
그런 기세등등한 정부가 정권 초기 추진하고자 했던 입시 정책을 비판하며 막아내는 일이 쉬운 일이 아니었다. 미친 짓으로 보일 수도 있었다.
그러나 우리는 해냈다.
우리의 진심이 통한 것이다.

나는 교육전문가도 아니고 교육학 박사도 아니다.
그저 나는 대한민국 교육에 진심인 학부모이다.
지금도 대한민국의 교육을 말하고,
현장의 목소리를 전하는 사람으로 살고 있고,
앞으로도 그렇게 살 것이다.

나는 오늘 나의 이야기를 하고자 한다.
대한민국 국민으로서 그리고 두 아이의 엄마로서 진심을 다해 살아온 나의 이야기를.

그런 평범한 엄마의 목소리를 세상은 그동안 얼마나 알아들었을까.

2023년, 어느 늦은 가을날

박소영

목차

추천사	3
프롤로그	11

하나 교육의 현장을 말한다 … 17

1. 대한민국 교육현장 … 18

공정한 세상인 줄 알았다	18
공정한 세상이란	22
2022대입개편안 공론화	23
숙명여고 사태로 본 수시의 폐해	40
세상에서 가장 슬픈 이론	48
스카이 캐슬은 드라마 아닌 현실	65
서울대는 '서운대'	68

2. 나는 더 열심히 뛰어야만 했다 … 73

교육 바로 세우기 운동본부	73
충격적인 조국 일가의 입시비리	76
죄를 짓고도 국회의원이 되는 나라	83
조민이 의사국가고시를 치른다고?	86
조국의 시간은 국민 기만의 시간	92
정시 확대가 왜 필요한 것일까	97
입시 비리는 대학이 저질렀는데 왜 피해는 다른 학생들이?	103
존중은 제도 아닌 도리(道理)	104
교육이 바로 서야 나라가 바로 선다	107

대한민국은 역사 전쟁중이다	115
문재인 정부는 왜 초등사회 교과서를 무단 수정했나	118
민주시민교육 무엇이 문제인가	126
학생인권조례가 교권을 무너트렸다?	130
가진 자와 못 가진 자	135

둘 그때는 틀리고 지금도 틀리다 … 139

1. 죄인과 죄인 140
2020년 어느 날의 기록	140
황제휴가인가 탈영인가	153

2. 죄는 죄일 뿐, 그 이상이 아니다 160
2020년 어느 여름날의 슬픈 기록	160
죄의 연속성	161

3. 국가가 없으면 국민도 없다 167
국가보안법 폐지 반대하다	171
한 목소리가 되던 날	176
언론의 공정을 위해 뛰다	185
온전한 곳에 써야 할 힘	195
'그때는 틀리고, 미안하지만 지금도 틀리다'	200

에필로그	202
엄마, 박소영이 걸어온 길	208
칼럼	215
추천사	217

하나.

교육의 현장을 말한다

1 대한민국 교육현장

공정한 세상인 줄 알았다

나는 지극히 평범한 사람이다. 내세울 것 하나 없는 그저 평범한 사람.

'남들처럼 티격태격 하면서 살아온 25년간의 결혼생활, 그래도 늘 믿고 응원해준 고마운 남편'

'결혼 내내 고된 일을 놓은 적 없이 바쁘게 살았던 엄마에게 투정 한 번 부리지 않았던 두 아이'

'누군가에게 피해 주지 않고 늘 사람과의 관계에 최선이었던 나를 따뜻하게 인정해주던 이웃과 친구'

그런 가족과 이웃이 가장 큰 힘이라고 믿고 살았던 평범한 사람,

그게 나였다.

그런 내가 지금 그 평범한 삶을 내려놓고 한 번도 상상하지 못했던 길을 가고 있다.

세상 돌아가는 모습이 정상적이지 않았다.
열심히 한 사람에게 그 대가가 돌아가야 하는데 세상은 그렇게 돌아가지 않았다.
큰아이 입시를 치르다보니 우리 아이들이 사회에 첫 발을 내딛는 대학입시가 생각보다 훨씬 더 기울어져 있었다.
수능 성적으로만 대학을 가는 비율이 언제 그렇게 줄어들었는지
먹고 사느라 바쁜 부모에게 복잡한 입시 전형은 또 다른 불공정으로 느껴졌고,
내 아이에게 죄책감마저 들게 만들었다.
뒤늦게 철이 들어 생전 처음 자기 스스로 열심히 공부한 큰아이가 좋은 성적을 얻고도 대학입시에 실패하는 과정을 지켜보며 부모인 내가 느낀 마음이었다.
좀 더 일찍 관심 가져줄 걸……
좀 더 일찍 입시설명회라도 쫓아다닐 걸……

2018년 4월 어느 날 'MBC 100분 토론'은 그런 얘길 하기 위해 나갔다.

방송 3일전, 갑작스럽게 출연 요청을 받아서 나갈까 말까 고민할 시간조차 없었다.

누가 나오는지도 모르는, 소위 내 편이 누군지도 모르는 상태에서 토론을 나가겠다고 했으니

그 용기가 어디에서 났는지. 어지간히 입시제도에 화가 났던 모양이다.

그날 우리가 주장한 방송의 요지는 이랬다.

정시 비율이 확대되어야 한다.

수시 학생부종합전형은 부모의 정보력과 교사의 영향력이 절대적이라는 것.

아이들이 역전할 수 있는 기회가 있어야 한다는 것.

그러기엔 수능위주 전형 정시 비율이 너무 적다는 것.

지금에 와서 얘기지만 나는 그날 김남국을 처음 보았다. 토론이 시작되기 전 진행자와 그날의 주제에 대해 간단히 브리핑을 하는 역할이었는데, 당시 김남국은 훗날 조국 전 장관이 자녀 입시 비리로 유죄 판결을 받게 될 줄은 상상도 하지 못했을 것이다.

2018년 4월 17일 MBC 100분 토론
「논란의 '학종'...수시냐, 정시냐」 방송출연

공정한 세상이란

공정(公正)의 사전적 의미는 '공평하고 올바름'이다. 그리고 공평(公平)이란 '어느 쪽으로도 치우치지 않고 고름'을 말한다. 보통 우리는 반칙하지 않고 룰을 잘 지키며 정정당당하게 싸우는 것을 공정이라고 생각한다.

공정하고 공평한 세상.

대부분의 사람들은 우리가 살아가고 있는 이 세상은 그래야만 한다고 생각한다.

그런데 너무나 당연한 이 말이 언제부턴가 우리에게 간절한 바람이 되었다.

과연 대학 입시는 어느 한 쪽에 치우치지 않고 공정한 방법으로 시행되고 있을까?

입시 제도의 공정성을 이야기하면 간혹 출발선 자체를 똑같이 해야 공정한 것이라고 말하는 사람들이 있다. 이미 태어날 때부터 격차가 존재하기 때문에 공정한 경쟁은 애초에 성립이 안 된다는 것. 그러나 그건 다른 문제다. 태어난 환경이 다른 즉 출발선이 다른 아이들의 격차를 최대한 줄여주는 것은 공교육에서 이루어져야 할 일이고, 대학입시에서는 모든 학생에게 도전할 수 있는 기회를 똑같이 주고, 각자 노력한 것을 공정하게 평가받을 수 있도록 해줘야 한다. 다만 사회적 약자를 위한 전형은 일정 비율 확보해주고 이 전형을 통해서 선발된 학생의 경우 대학을 다니는 동안 어려움이 없도록 국가가 지원해주는 시스템을 마련해야 한다. 그것이 국가가 해야 할 역할이고, 조금이나마 사회적 격차를 줄여나갈 수 있는 방법이다.

그런데 세상은 가진 사람이 더 많이 가지려고 하고 그러기 위해 본인이 가진 힘을 함부로 이용한다. 우리는 그러한 행태를 불공정이라고 하고, 불공평한 세상이라고 말한다.

2022대입개편안 공론화

2017년 8월10일 교육부가 2021학년도 수능을 절대평가로 전환하겠다고 발표하자 해당 학년인 중3 학부모들은 거세게 반대했다. 여론이 더 악화되자 교육부는 수능 절대평가 적용 시기를 1년 유예하겠다고 한 발 물러났다.[1]

---

[1] 수능 절대평가 과목 확대 1년 유예 ... .중3, '현행대로' – MBC뉴스데스크 (2017.08.31.)

"짧은 기간 동안 국민적 공감과 합의를 이끌어내는 데에는 한계가 있었습니다."

교육부 장관의 해명이었다.
그런데 1년이 지나면 국민적 공감과 합의를 이끌어낼 수 있을까.
그렇게 시작된 수능 절대평가 논쟁은 결국 국가교육회의가 주관하는 대입제도 개편 공론화로 이어졌다.

처음 공론화 과정에 참여해달라는 제안을 받았을 때, 이미 기울어진 운동장에서 들러리만 서게 될까봐 고민이 많았다. 그러나 그마저도 목소리를 내지 않으면 결국 학부모들이 원하지 않는 방향으로 흘러갈 것 같아 참여 의사를 밝혔다.
역시 우려는 현실이 되고 말았다. 공론화 준비를 위한 이해관계자 협의회에 참석한 결과 참석자 20여 명 중 수능 절대평가 반대, 정시 확대를 희망하는 사람은 나를 포함해 단 세 명뿐.
앞으로 진행될 공론화 과정이 어떤 방향으로 흘러갈지 눈에 선했다.
그러나 포기할 수 없었다.

2018년 6월 16일과 17일 이틀간 진행된 '대입개편 공론화 의제 선정 워크샵'을 마치고, 대입제도개편 공론화위원회는 '수능상대평

2018.07.05. 2022대입개편 공론화 권역별 국민대토론회
광주(호남·제주권) 전남다학교 용봉문화관

가 유지, 정시 45%이상 확대'를 주장한 의제1안을 포함해서 네 가지 의제를 중심으로 공론화를 시작하겠다고 선언했다.[2]

본격적인 공론화가 시작되고 2개월가량 진행되는 과정 동안 나는 거의 생업을 포기해야 했다.

의제별 대표단 회의, 방송토론, 시민참여단에게 제공할 자료 만드는 일까지. 함께 하는 분들이 계셔서 힘도 되고 도움도 많이 됐지만 서울, 대전, 부산, 광주에서 진행된 국민대토론이나 시민참여단과의 토론회에 참석해서 우리의 목소리를 전달해야 했던 그 시간은 내게 참 고통스러운 시간이었다.

2개월 내내 염증약을 달고 살았고, 정시 확대를 희망하는 수많은 학부모를 대신해서 총대를 멘 상태라서 멈출 수도 없었다.

누가 알아주기를 바라고 시작한 일은 아니었지만 내가 왜 이래야만 하는지 스스로 묻고 또 물어가며 버틴 시간이었다.

지금도 잊을 수 없는 순간이 있다.

500명에 가까운 시민참여단을 설득할 수 있는 마지막 10분.

그 시간 동안 나는 내 앞에 앉아 있는 시민 한 사람이라도 더 설득

---

[2] 국가교육회의 4가지 공론화 의제 발표…정시 45% 이상 선발 포함 - 헤럴드경제 (2018.06.20.)

해야 했다.

다른 의제 팀과 비교될 정도로 볼품 없는 PPT는 달랑 다섯 페이지

- 대한민국 학부모로 산다는 것
- "미안해" 엄마가 정보력도 재력도 부족해서…
- 학종 때문에 아이들이 고분고분해졌어요.
- 학종이 이 지경까지 됐는데, 대학은 계속 이대로 가자고 하네요.
- 대학선발의 가장 중요한 가치는 "공정함"

온 마음을 다해 마지막 발언을 하고 밖으로 나왔더니 그동안 밤새 워 자료 준비도 같이 하고, 기자회견도 함께 해온 우리 팀 학부모님들이 기다리고 있었다.

그분들의 얼굴을 보는 순간 눈물이 왈칵 쏟아졌다.

마지막 투표를 마치고 나온 시민참여단 분들 중에 나보다 먼저 자녀의 입시를 경험했을 것 같은 어머님들이 눈이 빨갛게 충혈된 나를 보며

'정말 잘 했는데 왜 우느냐'며 칭찬도 해주시고 함께 사진을 찍자고도 해주셨다.

그 분들 덕분에 몇 개월간의 고통이 싹 사라졌다.

2018.07.29. 2022대입제도개편 공론화 시민참여단 2차 숙의토론회 〈천안 계성원〉에서 마지막 발언하는 박소영 대표

지금 다시 읽어보니 참 엉성하고 부족한 글이다.

그러나 나의 진심을 담은 이야기로 당시 시민 참여단을 설득해서 의제 1안을 최종 1위로 만들어준 글이라 이 책에 꼭 소개하고 싶었다.

안녕하세요.

저는 대학생과 고2 두 아들을 둔 엄마입니다.

학부모로서, 일하는 엄마로서 이 과정에 함께 해온 것이 쉽지 않은 여정이었습니다.

입시를 치르기 전까진 대입전형의 현실이 이 정도인지 몰랐습니다.

아이들이 어렸을 때까지만 해도 경쟁 없는 입시, 다양성을 인정해주는 입시에 대해 이상적이고 미래지향적이라는 환상을 갖고 있었습니다.

왜냐하면, 학생부종합전형이 말 그대로 성적만 평가하는 것이 아니라, 학생 개개인이 좋아하는 분야에 대한 노력과 흥미만 있다면 원하는 대학에 진학할 수 있는 전형인 줄 알았기 때문입니다.

그러나 현실은 그렇지 않았습니다.

꿈을 위한 열정과 과정도 중요하지만, 더욱 우선시되는 것은 '학교 내신'이었습니다.

그리고, 일반고의 내신은 내신으로서의 평가에서 너무나 엄격하고 평가절하되는 냉혹한 현실을 깨닫는데 그리 오래 걸리지 않았습니다.

현재의 입시 정책이 얼마나 학부모와 학생에게 가혹한 정책인지 깨닫게 되었고, 사실 저희 아이는 해당 사항이 없는데도 불구하고 2022년 대입 개편안에 있어서 과연 우리 학생들의 올바른 성장과 학교생활을 위한 대입제도가 무엇인지, 고민하고 또 고민하면서 여기까지 왔습니다.

여러분,
국민은 과연 무엇을 원할까요?
제가 정시가 늘어야 한다고 목소리를 내면서 가장 고민이 많았던 것은, 혹시 나만 이런 생각을 하는 건 아닌가?
얼마나 많은 사람이 나와 생각이 같을까? 고민과 걱정이 앞섰습니다.
그리고 잘 알지도 못하면서 내 주장만을 내세우지 않으려고 정말 열심히 공부하고 여론을 살펴보았습니다.
그런데 알면 알수록, 많은 사람을 만나볼수록 입시 현실에 대한 문제점은 심각한 수준이었고, 그동안 내가 아이 입시에 대해 너무 몰랐구나, 내가 교육부를 너무 믿었구나 하는 생각에 오히려 제 자신에게 더 화가 났습니다.
그래서 오늘 이 자리에 섰고, 수시와 정시 비율은 균형을 맞춰야 한다고 목소리를 내게 되었습니다.

지난 대전 국민대토론 현장에서 어느 초등학교 학부모님 한 분이 학종이 학교 복불복, 교사 복불복이 심하다는 제 주장에 대해 맞는 얘기지만, 사실 부모 복불복이 더 심각한 것이 아니냐고 물었습니다.

맞습니다. 부모는 선택해서 태어날 수 없으니 학종은 부모 복불복이 맞습니다.

내 아이가 내 밑에서 태어나서 정보력도 부족하고 경제적인 지원을 못 받아서 그렇지 않은 부유한 환경의 아이에게 밀려 열심히 노력했지만, 원하는 대학에 진학하지 못하고 좌절한다면, 여러분은 어떠시겠습니까? 가슴 아픈 현실입니다.

교수 부모 만나 공저자로 발표된 논문이 몇 편씩 된다느니 누구의 자식이 부정입학을 했다느니 시험지가 유출됐다느니, 학교가 공부 잘하는 학생을 위해 수행평가 기준을 바꾸고, 상을 몰아주었다느니 그런 뉴스가 나올때마다 학교를 믿고, 대한민국 교육부를 믿었던 학부모들은 분노합니다.

학생부종합전형이 모든 아이들이 행복한 꿈을 실현하는 학교 교육이라며 그 학교 교육이 정상화되고 있다는 이상주의 뒤의 검은 그림자.
그 앞에 오히려 꿈을 포기하게 되는 아이들을 지켜보는 부모들은 더 이상 입시정책에 대해 믿지 못하겠다는 불신이 너무나 커진 상황입니다.

학생부종합전형은 다양한 특성을 가진 아이들을 뽑겠다고 한 전형입니다.

그렇게 학생들의 다양성을 존중한다면, 태어나면서부터 늘 성실했던 아이나 방황하다 뒤늦게 철든 아이 모두에게 기회는 평등하게 줘야 하는 것 아니겠습니까?

학교 총회에 갔는데 선생님께서 학생부종합전형에 대해 설명하시면서 학종 때문에 아이들이 고분고분해졌다는 말씀을 하셨습니다. 그 말이 참 슬프게 들렸습니다.

선생님, 죄송합니다.
성적 잘 받아보겠다고, 학생부 잘 받아보겠다고, 머리 쓰고, 눈치 살피는 아이로 그렇게 키워서 정말 죄송합니다.
참 씁쓸한 현실입니다.
과연 이러한 입시 현실이 진정으로 대학에서 요구하는 인재상인가요?
우리 아이들이 올바르게 성장할 수 있는 교육이라고 주장하실 수 있을까요?

절대평가가 경쟁을 완화시키는 것처럼
절대평가가 행복한 학교생활을 보장해주는 것처럼
절대평가가 입시부담을 덜어주는 것처럼
절대평가가 공교육 정상화에 절대 필요한 것처럼
말씀하시는 선생님들께 묻고 싶습니다.

"선생님 수업 받는 아이 중에 6, 7 등급 하는 김 아무개를 기억하시나요?"

저는 선생님들도 개개인의 성향이 다르고 아이를 바라보는 기준이 다를 수밖에 없다는 것은 인정합니다.
선생님들이 함께 계신 집단도 다양한 분이 공존하는 집단이기 때문에 모두 능력이 있어야 하는 것 아니냐고 항의하고 싶지 않습니다.

학부모들은 못 가르치시는 선생님을 비난하지 않습니다.
공평하시고 인정 많으시그 학생들을 잘 다독여서 학습 의지가 생길 수 있도록 안내해주시는 선성님이라면 충분히 존경합니다.
공교육 정상화는 제도적 문제라기 보다 이런 신뢰와 즌경이 바탕이 돼야 공교육이 정상화되는 것 아니겠습니까?

입시제도, 정말 중요합니다.
'미래 교육을 위해 이렇게 하면 괜찮을 거야', '이렇게 한번 해보자, 저렇게 한번 해보자' 이런 시행착오 있을 수 있습니다.
그러나 그런 시행착오를 반복하는 동안 그 피해는 누가 보는 걸까요?
선생님들이 볼까요?
아니면 대학이 볼까요?
학부모와 학생이 그 피해를 고스란히 봅니다.

그것도 그 제도에 해당되었던 당사자들입니다.

학종을 한 두 번 해보니 아닌 것 같다고 학부모들이 반기를 든 게 아닙니다.
그동안 공교육에 맡기고 교육부를 믿고 기다려온 학부모들이 이젠 도저히 안 되겠다고 소리 없는 아우성을 치는 것 아닙니까.

내 아이에게 불이익이 갈까
우리 선생님께 피해가 갈까
아니면 우리 학교에 찍히면 어쩌나 노심초사하면서 나서고 싶어도 나서지 못하는 학부모들...

이런 학부모들에게 대학은 더 어려운 존재입니다.
그러나 오늘은 그 대학에 한 말씀 올리겠습니다.

지금의 이 지경이 되기까지 대학은 도대체 무엇을 하고 있었습니까.
이제와서 대학을 믿어달라는 그 말을 어떻게 믿습니까.
앞으로 보여주십시오.
신뢰할 수 있도록...

이제 오늘의 마지막 발언이 끝나면 시민참여단 여러분은 우리 아이들을 위해 아주 중대한 결정을 하셔야 합니다.
우리 아이들이 앞으로 살아갈 미래가 희망이 있다고, 열심히 하면 언제든지 역전이 가능한 세상이라고 믿고 노력하며 살아가게 하기 위해서는

스무 살이 시작되는 첫 관문인 입시에서 최소한 올바르고 공정한 경쟁을 할 수 있는 그런 환경을 만들어주시길 간곡히 바랍니다.
지난 몇 개월, 국가교육회의에서 시작한 부산, 대전, 수도권 열린 마당을 시작으로 지금의 공론화 과정에 이르기까지 학부모로서, 두 아이의 엄마로서 참 쉽지 않은 과정이었습니다.

그러나 시민참여단 여러분과 제가 우리 아이들의 공정한 경쟁을 위해, 지금의 고통을 덜어주기 위해, 함께 고민하고 정책 결정에 영향을 줄 수 있다는 의미에서 정말 중요한 일을 하고 있다고 생각합니다.

여러분, 정말 감사합니다.
제가 지금까지 이 일을 어렵게 해왔기 때문에 이러한 자발적 참여가 얼마나 쉽지 않은 결정인지 잘 압니다. 그래서 더 감사합니다.

이제 오늘은 그동안 여러분의 노고와 저의 긴 여정이 마무리되는 날입

니다.

제게 주어진 마지막 이 시간을 어떻게 써야 할지 정말 고민이 많았습니다. 그러나 저는 전문가도 아니고 화려하게 피피티 만들 실력도 부족하고, 이십여 개가 넘는 단체의 든든한 지원을 받고 있지도 않은 그저 학부모입니다.

그래서 그 모습 그대로 서기로 했습니다.

부족한 저의 이야기를 들어주신 시민참여단 여러분께 다시 한 번 감사드리며, 저의 이야기를 마무리하도록 하겠습니다.

마지막으로 용기 잃지 말라고, 공교육 정상화 시키는 것은 제도가 아니라 교사의 역량이 더 중요하다고 양심 고백해주셨던 선생님들께도 감사드립니다.

감사합니다.

2018년 7월 29일 〈대입공론화 시민참여단 2차 숙의토론회〉 마지막 10분 발언

학부모의 입장에서 공론화에 참여하고, 방송에 출연하는 것이 쉬운 일이 아니었다. 특히 정부에 대고 쓴 소리를 하는 입장이라 부담도 컸다. 그러나 일이 점점 커져가는 만큼 내가 내뱉은 말에 대한 책임감 또한 커졌고, 이미 멈추기엔 너무 늦은 상황이었다.

"이제 학생부종합전형(이하 학종)이 학교 현장에서 어느 정도 자리를 잡아서 여전히 희망을 가지고 도전하는 아이들이 있을텐데…폐지하라고 주장하는 게 맞을까."

"학종은 결국 어떤 교사를 만나느냐, 부모가 얼마나 정보를 많이 알고 있느냐에 따라 결과가 확연히 달라지는 전형인데다 결정적인 것은 왜 떨어졌는지 왜 붙었는지도 모르는 깜깜이 전형이라 폐지하는 게 맞지."

공론화 과정 내내 수없이 반복했던 고민이다.

그러나 학종의 긍정적인 효과가 온전한 증명이 어렵 듯, 정시 확대가 된다고 부정적 우려가 일어날 거라는 정확한 증거도 없다. 분명한 건 수능 중심 전형보다 학종의 문제가 더 확연히 드러나고 있다는 사실이다.

사회적 약자를 위한 전형과 특수한 목적을 가진 전형 이외엔 모두 수능 중심으로 하는 것이 더 낫다. 특히 상위권 대학일수록 학종과 같은 수시로 선발하는 건 더욱 옳지 않다.

'나도 학종으로 좋은 대학에 갈 수 있지 않을까' 이런 희망 고문도 모자라 3년 내내 내신과 비교과를 다 챙기며 학생부 관리를 해야 하는 학종.

학종을 준비하는 학생들에게 고등학교 3년은 그야말로 고통의 시간이다.

이러한 현실적인 문제를 알리고 싶었다. 공론화 과정에서 나는 고통스럽다고 소리없이 외치는 학부모와 학생들의 목소리를 전달해야 했다. 그래서 공론화 과정에 어쩔 수 없이 참여하였다.

국가교육회의의 대입제도개편안 공론화위원회는 공론화 결과 의제1안이 52.5%로 1위를 했음에도 불구하고 통계학적으로 유의미한 차이가 아니라며 '수능 상대평가 유지, 정시 30% 이상' 권고안을 교육부에 넘겼다. 공은 다시 교육부로 넘어간 셈이다.

그만큼 대학입시제도를 개편하는 일이 누구에게나 불편한 일이라는 의미이다.

각자의 입장이 다 다르고, 유불리가 다 달라서 어느 한 쪽의 손을 들어 줄 수 없다면 국민의 다수, 즉 입시를 체험한 학생, 학부모가 원하는 방향으로 가는 것이 맞지 않을까.

학생을 위한 결정은 뒷전. 잘못된 걸 알면서도 단호하게 결단을 내리지 못하는 교육부가 어떻게 학생들 교육을 담당할 수 있겠는가.

'이럴 거면 차라리 교육부를 폐지하라'는 학부모들의 말이 어쩌면 맞을지도.

2022대입개편안 공론화 과정이 끝나고, 교육부가 예상치 못한 결과를 발표하자 공론화에 참여했던 의제1안과 의제4안 팀들은 분노한 학부모들과 함께 돈을 모아 조선일보와 한겨레 신문에 5단 광고를 냈다.

너무 억울했다. 그러나 당시 우리가 할 수 있는 일이 그것밖에 없었다.

결국 공론화 결과를 자기들 멋대로 해석해서 발표한 교육부의 수장은 모든 책임을 떠안고 사퇴했다.

정시확대를 요구하는 학부모와 학생들의 투쟁은 그 여름 그렇게 끝이 나는 듯 했다.

학종 축소, 수능 확대를 바라는 학부모들이 묻겠습니다

2018년 8월 조선일보 광고

1 대한민국 교육현장　39

숙명여고 사태로 본 수시의 폐해

입시는 몰라도 숙명여고 사태를 모르는 사람은 없다.

대학에 보낼 자녀가 없는 사람들도 이 사태엔 고개를 저었다.

오래된 이야기가 아니다. 불과 몇 년 전 교육현장에서 벌어진 일이다.

처음에 기사가 나올 땐 '설마 사실일까' 다들 반신반의했다.

당시 7월 치러진 숙명여고 1학기 기말고사, 시험의 결재와 검토 권한을 가진 한 사람, 교무부장이다.

그에겐 쌍둥이 두 딸이 있었는데, 자신이 근무하는 학교 2학년에 재학 중이었다.

쌍둥이 모두 갑자기 문, 이과 동시에 전교 1등을 차지했다.

일반적인 성적 상승으로 보기에는 너무 터무니없는 급상승이라 의심을 사기에 충분했다.

강남에 있는 명문고에서 1등급을 올리기가 얼마나 어려운지 아는 사람은 믿을 수 없는 결과이다.

학교에서 교무부장이라는 자리는 교사들의 인사 평가권까지 갖고 있어 힘이 대단하다.

교감승진이 예정되었던 인물이었기에 학교 내에서 막강한 실세가 아니었겠나.

그 자리는 모든 시험지를 볼 수 있는 권한도 충분했고, 담만 먹으면 언제든 볼 수 있다.

'시험문제 유출' 아닌 '답안지 유출'

처음엔 그저 시험문제가 유출 된 것으로 초점이 맞춰졌다.

수시 비율이 높아지면서 내신의 중요성이 더욱 커졌고, 두 자녀가 원하는 대학에 가려면 1학년 때보다 월등하게 상승한 내신 성적이 필요했을 것이다.

대학에서도 드라마틱하게 성적이 향상된 학생을 더 높이 평가할 수 있는 전형이 학종이니까 말이다.

수시는 이렇게 또 다른 범죄를 만들었다.

학부모들의 촛불집회가 100일간 이어지고, 결국 숙명여고 교무부장은 법의 심판을 받게 되었다.

대법원 판결에 이르러서야 쌍둥이의 성적을 0점 처리하겠다고 나선 학교.

초기엔 감사조차 제대로 하지 않았던 서울시교육청도 수사결과가 발표되자 부랴부랴 태도를 바꿨다.

이 또한 숙명여고 학부모들이 나서지 않았다면 밝혀지지 않았을 일이다.

이 문제는 단순히 잘못된 부정(父情) 때문만은 아니다. 두 자녀가 동조했어야 가능한 일이다.

자기 자녀를 더 좋은 대학교에 보내기 위해 교사 직분을 이용해 비리를 저질렀고, 그의 자녀가 동조했다는 것.

두 자녀의 적극적인 가담이 없었다면, 쉽게 성사되지 못했을 일이다.

내 자식을 위해서라면 법을 위반해도 된다는 것인가. 이런 중대 범죄를 저지르면서 두 자녀를 명문대학에 보낸들 도대체 무슨 소용이 있단 말인가.

도둑질한 쌀로 밥을 지어도 내 배만 채우면 그만이라는 것인가.

숙명여고 쌍둥이 사건은 우리 사회가 큰 충격에 빠질 수밖에 없는 사건이었다.

이 사건이 단순히 교무부장 아버지와 쌍둥이 자녀의 문제로만 끝날 일일까?

결국 이 사건으로 인해 학종의 문제가 그대로 드러난 것이다.

이 일로 학종으로 입학한 모든 케이스를 문제가 있는 것처럼 일반화시켜서도 안 되지만 그저 개인의 일탈로만 보고 말 일도 아니다.

즉 학종처럼 선발 기준이 모호하거나 부모, 교사의 영향이 크게 미치는 전형은 얼마든지 비리가 발생할 가능성이 높다는 것이다.

숙명여고 사건도 교육 당국이 그동안 이런 학종을 잘 관리 감독하면서 비율을 확대해왔다면 벌어지지 않았을 일이다.

그동안 알게 모르게 누군가가 저질렀을 입시 비리 때문에 또 다른 누군가는 피해를 봤을 것이다.

상황이 이러한데 교육당국은 당시에도 귀를 닫으려고만 했다.

이 글은 숙명여고 쌍둥이의 시험지 유출 의혹이 제기되었던 초기에 당사자인 교무부장의 해명글이다.[3]

숙명여고 교무부장입니다.

좋지 않은 일로 세간의 이목을 집중시켜 숙명여고를 사랑하는 분들께 누가 되었습니다. 다시 한 번 사죄의 말씀 올립니다.

저는 숙명여고 2학년에 재학 중인 두 아이의 아빠이기도 합니다. 그래서 제 아이의 동급생들은 저에 대해 모르는 것이 당연할 것이고, 저의 행동이나 사고방식에 대해서도 모르기에 직책이라는 선입견으로 저를 판단하고 오해하셨을 것 같습니다. 같은 학교에 재학하는 학생을 둔 학부모

---

[3] 인터넷 커뮤니티 'clien'에 게시된 글

로써 항상 조심하면서 살아왔고, 재직교사의 자녀가 같이 있을 때 지켜야할 원칙(학년배제, 출제배제)은 철저히 지켜왔습니다.

문제의 발단은 아이들의 성적이 오르면서 2학년 1학기에 각각 문 이과 1등을 한 것 때문으로 판단됩니다. 7월 24일에 교육청에 민원이 들어갔고, 7월 30일에 소명 자료를 교감선생님 드렸으며, 이어 어제는 기자들의 전화를 받았습니다. 대치동의 어머니들이 모이는 카페에 돌고 있는 이야기와 대치동 대신 전해드립니다 페북에 올라간 내용에 대한 질의였습니다

호사다마라고 아이들의 밤샘노력이 아빠와 같은 학교를 다닌다는 이유로 평가절하되고, 심지어 의심까지 받게 되어 마음이 무척 상했었습니다. 그래서 늦은 밤까지 '대대전'에서 허위사실유포를 중지해달라고 부탁드렸지만, 예상외로 핫이슈로 재등장하는 상황까지 만들었습니다. 혹시 그 곳에서 불편함을 느끼셨다면, 다시 사과드립니다.

팩트체크라는 것으로 디스쿨 수다방 글과 대대전에 언급된 내용을 정리한 것으로 의혹은 총 5가지입니다.

1. 숙명여고 전 교무부장 ㅎㄱㅇ선생님(현재 교감)의 두 딸이 2018 숙명

여고 2학년에 재학 중이다.
2. 두 딸의 2018년 1학기 내신이 문과이과 각 전교1등이다.
3. 두 딸의 1학년 전교등수는 300등대다
4. 두 딸 중 최소 한 아이가 깊은생각 *** 레벨에 재학 중이며 학원에 최초 적어낸 내신 점수보다 최종 학교에서 결정된 점수가 +10점이었다.
5. 두 딸 중 최소 한 아이가 학교 수학시간에 기본적인 문제 풀이도 못했었다.

첫 번째 의혹은 교무부장의 아이들이 재직하는 학교에 재학하는 것이 맞는지와 관련된 것입니다. 규정 상 학급배제, 수업배제, 출제배제, 감독배제, 즉 자녀의 교육 활동에 관여하지 않는다면 같이 근무할 수 있다는 것을 모르는 분들이 계셨기 때문에 의혹이 생겼겠지요.

두 번째 의혹은 쌍둥이가 동시에 1등을 할 수 있느냐는 것입니다. 이것은 결과적으로 사실이지만 제가 말씀드릴 방법이 없습니다.

세 번째 의혹은 거짓입니다. 한 녀석은 늦게 공부 방식을 터득하여 중3 때는 평균 98점에 이르는 점수를 받았었고, 제가 민사고 진학을 권했던 아입니다. 고등학교에 진학하여 분위기 적응을 못한 1학년 중간고사를 망쳐 결과적으로 1-1학기의 전교 59등이라는 등수를 받았지만 1학년 2

학기 말에 이르러 예체능과 주변교과의 점수가 높았으므로 총점 상 1-2학기 전교 2등이 되었고, 2학년이 되면서 주요교과에서도 성적이 오르는 상승세를 보여 2학년 이과 1등이 되었습니다. 아이가 하루에 잠을 자는 시간은 4시간을 넘지 않습니다. 다른 녀석은 외고 시험에 실패하고 학교를 배정받았으며, 수학시험 패닉이 있어 1-1학기 중간고사에서 패닉(한 문제가 안 풀리면 하얘진다고 함)을 경험하였고, 기말 합산 평균 74점으로 5등급을 받아 전체등수가 121등이었습니다. 가족상담을 담당하였던 상담선생님의 도움으로 수학클리닉 선생님을 소개받았고, 문제풀이법, 정리법 등을 교정함으로써 자신감을 갖게 되었습니다. 1학년 2학기에는 수학 과목의 뒷받침으로 기말까지 조금씩 올라 총점석차 5등을 하였고, 2-1학기에는 인문 1등을 하였습니다. 이 녀석의 분발은 저에게도 예상 밖입니다. 동생과의 경쟁적 관계가 상대적인 상승을 이끈 것 같다는 추측입니다.

네 번째 수학학원의 레벨에 대한 의혹을 제기하는 분들이 계십니다. 저의 아이들은 고등학교에 이르러 수학학원에 다니기 시작했습니다. 고등학교 수학1 선행학습이 안 되어 있었고, 레벨테스트에서 각 3레벨과 5레벨(최저 레벨)의 등급을 받았습니다. 이 레벨을 받고 부모를 많이 원망하였습니다. 본인 얘기에 따르면 중간고사 이후부터 수학공포감 극복을 위해 클리닉과 교정을 받은 후 무조건 수학 80점을 넘겨보겠다는 노력으로 교과서만 반복하여 풀었답니다. 1학년 2학기 중간고사에서 수학공포감이 극복되자 성적이 상승하였고, 2학년에 올라가면서 문과 3레벨이 되었지만 아직도 노력하는 편이지 수학을 좋아하진 않습니다. 또 다른 녀석은 수학 과학을 매우 좋아합니다.

다섯 번째 수학 담당 선생님들이 잘 아시겠지만, 제가 들은 바로는 사실이 아닙니다. 끝으로 의견을 덧붙이자면, 저의 아이는 그림 재능이 있습니다. 그런데 미술 시간 그림이 없어졌습니다. 보통 수업이 다 끝나면 나타난다고 하지만 아이의 것은 나타나지 않았습니다.

수학학원에서도 아이를 향한 묘한 기류를 느끼고 담당 선생님이 전화를 주셨는데, 지금 생각하면 적극적으로 대처하라고 하고 개입할 것을 잘못했나 부모로서 후회됩니다.

팩트 체크를 위해 부모 입장으로써 말씀드렸습니다.

세상에서 가장 슬픈 이론

교육당국은 당시에도 귀를 닫으려고만 했다.

"우리는 처음에도 몰랐고……."
"……. 지금도 정확히는 모릅니다."

몰랐다고 면죄부가 되지 않는다. 몰랐다면 애초 허술했다는 증거이고, 알았다면 방조한 죄가 될 뿐이다.

당시 의혹을 받은 쌍둥이 자매가 학생부종합전형, 이른바 '학종'으로 대학을 갈 수 있다는 해석이 나왔었다.[4] 이후 유죄가 되더라도, 죄를 지어도 명분이 유지되는 희한한 논리였다.
나는 이 어이없는 논리가 납득이 가지 않았다. 세상이 잘못되어도 한참 잘못된 기분이었다.
당시 한 변호사가 방송에 출연해 이렇게 말했다.

"국가기관에서 주최하는 수능에 비리가 생겼다면 교육부가 나서

---

[4] "숙명여고 쌍둥이, 학종으로 대학 입학 시 취소 어려워" – 중앙일보 (2018.11.07.)

면 되지만, 숙명여고 자체 내신이기에 외부에서 이래라저래라 할 수 없는 일입니다."

"숙명여고 자체를 감사할 수는 있겠지만……."

"학교 성적을 '이렇게 저렇게 바꿔' 할 수는 없는 노릇입니다."

학교 측의 태도가 이 말의 신빙성을 더했다.

"대법원 판결 전까지는 불가능합니다."

"아직은 징계할 근거가 없습니다."

온 나라가 시끄러울 정도로 큰 문제임에도 불구하고 학교 측은 징계할 생각도 성적을 재산정할 의욕도 없어 보였다.

빠른 해결과 질책도 모자랄 판에, 외려 교무부장 편에 서있는 듯했다.

함께 사죄해야 마땅한데도 학교는 오히려 그들을 포용하려고 했다.

나는, 학부모들은 반발했다. 학교 측은 사법 절차라는 명분을 내세워 버티기에 나섰다.

말도 안 되는 일이 학교에서 펼쳐졌다.

지나는 아이들만 봐도 미안했다.

교육부, 교육청, 학교의 관리 감독 소홀로 손해를 보는 사람이 다름 아닌 학생인 이 어처구니없는 상황.

변호사의 말을 더 빌려본다.

"입학 후 유죄 판결되면 대학 측에서 입학을 취소할 수 있다"

"그러나 재밌는 게 정시는 점수로 자르지만 학종은 내신만 보는 게 아니라 입학사정관들이 다른 부분을 다 보고 합격자를 가려내는 것"

"가정해서 쌍둥이들이 2학년 1학기 때 전교 1등이었더라도 대학 측에서 '1학년 성적은 좋지 못하네.' 하며 떨어뜨릴 수도 있다. 하지만"

"하지만······. 성적 부정이 있었더라도 우리는 다른 점이 너무 좋아 뽑았다, 고 말하면 합격을 취소시킬 수 없다"

세상에서 가장 슬픈 이론이다. 이것이 학종의 맹점이다. 내가 그리고 학부모들이 반발하는 이유다.

학생부종합전형은 공정성 담보가 어렵다. 교육 현장에서부터 공정성이 무너지는데, 그 어디에서 공정이 존재하겠는가.

수시의 불신은 예견된 일이었다.

1 대한민국 교육현장

(숙명여고 사건 판결문 일부) 삽입

서울중앙지방법원 2019.5.23.선고 2018고단7784 판결
업무방해

〈판결선고〉

피고인을 징역 3년 6월에 처한다.

압수된 총압수물목록 중에서 다음 각 압수물을 피고인으로부터 각 몰수한다.

- 제1번, 제2번 및 제15번 중 각 정기고사 성적통지표, C12
- 제3번 및 제11번 중 B, C의 각 2017학년도 1학년 1학기 기말고사 운동과 건강생활 과목 정기고사 시험지와 같은 학년도 1학년 2학기 각 정기고사 시험지,
- 제5번,
- 제14번,
- 제16번 중 B의 정기고사 시험지,
- 제36번 중 B, C의 각 서술형 답안지(다만 2017학년도 1학년 1학기 답안지 중에서는 운동과 건강생활 과목 답안지에 한한다),

- 제37번 (다만 2017학년도 1학년 1학기 OMR카드 중에서는 운동과 건강생활 과목 OMR카드에 한한다),
- 제38번, 제39번,
- 제47번 중 B, C의 각 2018학년도 2학년 1학기 정기고사 시험지.

범 죄 사 실

[기초사실]

피고인은 1996년 3월경부터 서울 강남구 D에 있는 학교법인 E 산하 F고등학교(이하 'F고'라고만 한다)의 교사로 근무하기 시작하였고, 2016. 3. 1.경부터 교무부장으로 근무하였다.

위 근무기간 동안 피고인은 연간 학사일정에 따라 매학기당 중간고사, 학기말고사 등 총 2회에 걸쳐 실시되는 F고 교내 정기고사와 관련하여, 고사 시행 전에 평가 대상 학생 수를 확정하고, 출제 및 평가와 관련한 교사 연수를 주재하며, 고사들로부터 출제원안과 서술형 답안지(시험용), 난이도, 배점, 정답 등이 기재된 이원목적분류표, 객관식 정답이 표기된 OMR 카드, 모범답안 발표지(시험 종료 후 학생 공지용) 등을 제출받아 문제지 인쇄 전에 검토하여 결재하고, 교감의 최종 결재를 마친 문제지의 인쇄 및 보관에 있어서의 보안 관리, 출제원안·이원목적분류표·모범답안 등의 보안 관리 등 고사의 시행 및 감독에 관한 업무를 총

괄하였다.

피고인의 쌍둥이 딸들인 B, C은 2017년 3월경 F고에 입학하여, 2018년에는 2학년 인문계열과 자연계열에 각각 재학 중이었다.

[범죄사실]

피고인은 B, C으로 하여금 F고 교내 정기고사에서 우수한 성적을 얻도록 하기 위하여, 교무부장으로서 정기고사 출제원안, 이원목적분류표, 모범답안 발표지 등을 사전에 결재하고 보관하는 과정에서 알게 된 답안을 B, C에게 미리 알려주어 B, C으로 하여금 이를 이용하여 정기고사에 응시하게 하기로 마음먹었고, B, C은 피고인으로부터 건네받은 답안을 이용하여 정기고사에 응시하기로 마음먹었다.

1. 2017학년도 1학년 1학기 기말고사 운동과 건강생활 과목 관련 업무방해

피고인은 2017년 6월경 F고 교무실에서 2017학년도 1학년 1학기 기말고사 운동과 건강생활 과목의 답안을 알아낸 후, 그 무렵 서울 강남구 G, H호에 있는 피고인의 집 등에서 B, C에게 답안을 알려주었고, B, C은 이를 이용하여 2017. 6. 28. 실시된 F고 2017학년도 1학년 1학기 기말고사 운동과 건강생활 과목 시험에 응시하였다.

이로써 피고인은 B, C과 공모하여, 위계로써 피해자 F고 교장의 2017학년도 1학년 1학기 기말고사 운동과 건강생활 과목에 대한 학업성적관리에 관한 업무를 방해하였다.

2. 2017학년도 1학년 2학기 중간고사 및 기말고사, 2018학년도 2학년 1학기 중간고사 및 기말고사 관련 각 업무방해

피고인은 2017년 9월경 F고 교무실에서 2017학년도 1학년 2학기 중간고사 전과목 (국어II, 수학II, 영어독해와작문, 한국지리, 지구과학I, 한국사, 가정과학)의 답안을 알아낸 후, 그 무렵 피고인의 집 등에서 B, C에게 답안을 알려주었고, B, C은 이를 이용하여 2017. 9. 25.부터 2017. 9. 29.까지 실시된 F고 2017학년도 1학년 2학기 중간고사에 응시하였다.

이로써 피고인은 B, C과 공모하여, 위계로써 피해자 F고 교장의 2017학년도 1학년 2학기 중간고사에 대한 학업성적관리에 관한 업무를 방해하였다.

피고인은 B, C과 공모하여, 이를 비롯하여 2017년 9월경부터 2018. 7. 4.경까지 아래 범죄일람표에 기재된 것과 같이 모두 4회에 걸쳐 위계로써 피해자 F고 교장의 학업 성적관리에 관한 업무를 각각 방해하였다.

〈소결〉

피고인이 피고인의 쌍둥이 딸들인 B, C과 공모하여 이 사건에서 문제된 각 F고 교내 정기고사 기간 전에 매번에 걸쳐 해당 정기고사의 과목별 답안을 대부분 B, C에게 알려주는 방식으로 유출시켰다는 사실, 그리고 B, C이 그 유출 답안을 암기한 다음 기억나는 한도에서 이를 활용하여 해당 정기고사에 응시한 것이라는 사실 전부를 합리적 의심의 여지 없이 인정할 수 있다.

이와 같은 피고인의 행위는 중대한 직무상 의무위반행위로서 F고의 교내 정기고사에 관련된 절차를 진행·관리하는 교사들로 하여금 정상적인 절차가 진행되는 것으로 오인, 착각 또는 부지를 일으키게 하는 위계에 해당한다고 평가할 수 있고, 그 위계에 의하여 F고 교내 정기고사 관련 업무의 적정성 또는 공정성이 현저히 저해되었음이 분명하다.

3. 선고형의 결정: 징역 3년 6월

피고인의 이 사건 각 업무방해 범행은 약 2개 학기 이상의 기간 동안 은밀하게 이루어졌다. 이로 인하여 F고의 업무가 방해된 정도는 이루 말할 수 없이 매우 크다. 또한 피고인의 범행으로 인하여 대학입시와 직결된 중요한 절차로서 사회적으로 관심이 높고 투명성·공정성의 요청도 매우 높은 고등학교 내부 정기고사 성적처리절차와 관련하여, 비단 F고뿐 아니라 다른 학교들의 투명성·공정성까지도 의심의 눈길을 피하지 못하게 되었고, 이로써 국민의 교육현장에 대한 신뢰가 바닥에 떨어

짐은 물론 교육현장에서 교육 업무에 성실하게 종사하여 온 다른 교사들의 사기 또한 상당히 떨어지게 되었다. 그럼에도 피고인은 범행 일체를 부인하면서 객관적 정황과 맞지 않는 변명을 하고 있고, 증거를 인멸하는 것으로 볼 여지가 있는 행동을 한 바도 있다23).[5] 따라서 피고인에 대하여는 위와 같은 죄질, 범정 및 범행 전후의 정황에 상응하는 중한 형의 선고가 불가피하다.

〈판사〉

다만 교육 관계 법령과 방침의 개정으로 인하여 대학입시에 있어서 고등학교 내부 정기고사 성적의 비중과 위상이 매우 높아졌음에도 그 시행 과정이나 성적처리절차를 공정하게 관리하기 위한 교사·학생간 상피(相避) 제도와 같은 시스템은 미처 정밀하게 갖추어지지 않았던 것24)[6]도 이 사건이 벌어지게 된 원인 중 하나였던 것으로 보인다. 한편으

---

[5] 23) 앞서 [2]의 사정에서 본 바와 같이 피고인은 이 사건 각 중간고사 기간 직전에 야근을 할 때는 초과 근무장부에 초과근무사실을 기재하지 아니 하였고, 이는 피고인이 초과근무하였던 점에 관한 증빙을 남기지 않으려 행동하였던 것으로 볼 여지가 있다. 피고인은 이 사건에 관하여 서울특별시교육청의 감사가 있었던 무렵에 피고인과 피고인의 딸들이 사용하던 컴퓨터 하드디스크를 폐기하기도 하였는데, 피고인의 딸들이 사용하던 컴퓨터의 하드디스크의 경우 굳이 F고의 미술실에까지 가져가서 이를 폐기하였던 것으로 보인다. 피고인의 주거지에서 문서 파쇄기가 발견되기도 하였다.

[6] 24) 서울특별시교육청의 2018년 고등학교 학업성적관리지침 중 '고등학교 학업성적 관리 매뉴얼'은 이 사건이 불거진 후인 2018년 9월경에 이르러서야 "자녀가 속한 학년의 정기고사 문항 출제 및 검토에서 관련 교원의 배제"였다가 "자녀가 속한 학년의 정기고사 문항 출제 및 검토, 결재, 인쇄 등 성적 관련 업무에서 해당 교직원 배제"로 개정되었다. 이처럼 교육청 지침 자체도 논란의 여지가 있었고, 그 해석과 적용에 있

로 피고인의 쌍둥이 딸들이 이 사건으로 인하여 F고에서 퇴교되어 학적을 갖기 어렵게 되고 학생으로서의 일상생활도 잃어버리는 등25)[7] 피고인이 가장 원하지 않았을 결과가 이미 발생하였다. 이러한 사정들에 피고인이 범죄 전력 없는 초범인 점, 피고인의 평소 성행 등 제반 양형요소를 함께 고려하여 주문과 같이 형을 정하였다.

어서도 교육청의 세세한 관리가 있었던 것이 아니라 사실상 각급 학교의 재량에 맡겨져 있었다.

[7] 25) 둘째 딸인 C의 경우 수사과정에서 심각한 정신적 스트레스를 호소한 바 있다. C의 심리 상태에 관하여 보고서를 제출하였던 AG은 이 법원에 증인으로 출석하여, C의 경우 조현병 기타 환청·환시증상이 나타나게 되는 정신질환에 걸린 것이라고는 단정할 수 없기는 하지만, C이 이 사건으로 인하여 극심한 스트레스를 받았다는 것 자체는 부정하기 어렵다는 취지로 증언하였다.

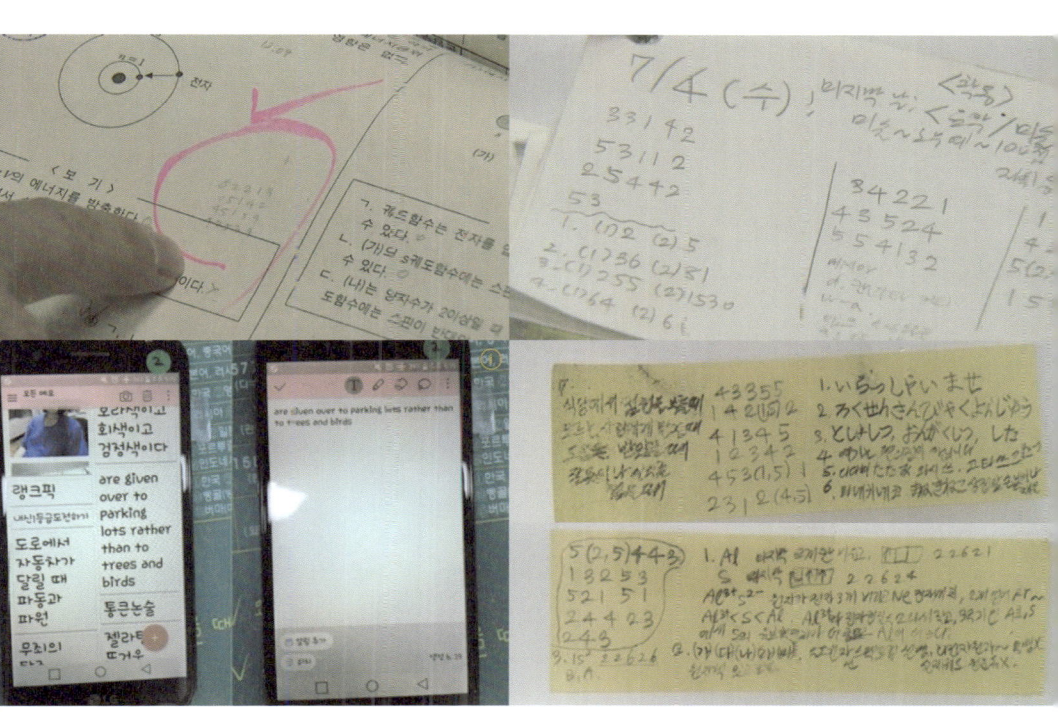

재판부가 답안지 유출이라고 도는 정황 증거

1 대한민국 교육현장

숙명여고 사건의 판결문을 보면 재판부가 얼마나 많은 증거 자료를 바탕으로 깊은 고심 끝에 내린 판결인지 짐작할 수 있다. 그동안 '그렇다더라'식의 소문들이 대부분 사실로 드러났고, 정황만 봐도 납득이 안 가는 일이 한 두가지가 아니다.

특히 이 사건이 시험지 유출이라기 보다 답안지 유출이라고 보는 정황은 화학선생님이 최초 정답을 10:11이라고 했다가 15:11로 답을 정정했는데, 그 최초 정답을 맞힌 학생이 유일하게 쌍둥이였다는 사실이다. 선생님의 말에 의하면 난이도가 높지 않은 문제라는데 전교1등을 할 정도의 실력이면 답안지를 정정하기 전에는 쌍둥이 모두 틀렸어야 했다.

같은 반 친구들이 밤새워 책과 씨름할 시간에 쌍둥이는 정답을 외우는데 몰두했다는 말이다. 전교 121등과 59등이던 자매가 한 학기만에 각각 문과, 이과에서 1등이 되어버린 놀라운 기적, 문제는 풀 줄 몰라도 정답은 맞췄으니, 그 누구에게도 의심을 살 만한 일 아닌가.

쌍둥이는 교내 미술대회에서 나란히 수상했다. 심사자는 다름 아닌 아버지였다. 당시 그는 교사라는 사명으로 심사를 했을까. 아버지라는 명분으로 점수를 주려고 했을까. 애초 그런 상황을 만든 게 더 문제.

결국, 그는 교사가 아닌 아버지가 되기로 작정했나보다. 수행평가와 비교과 영역에서도 아버지는 개입했고 딸들에게 후한 점수를 줬다.

온 나라가 떠들썩한 상황에서 진심어린 반성 없이 쌍둥이는 자퇴서만 제출했다.

이 사건으로 고등학교 내신에 대한 신뢰는 무너져 내렸다. 교육열이 세계 제일인 대한민국에서, 수시라는 제도 자체가 논란이 될 만한 제도라는 것을 정말 몰랐을까?

진작 터졌어야할 비리가 뒤늦게 터졌다며 숙명여고 사건은 빙산의 일각이라고 했다.

이 사건도 숙명여고 학부모들이 나서지 않았다면 묻혔을 일이었다.

'운 좋은 누군가는, 아마 무덤까지도 그 비밀을 가지고 가겠지.'

다음은 숙명여고 정상화를 위한 비상대책위원회 위원장의 언론인터뷰 일부 내용이다.

기자: 이번 숙명여고 사건 이후 공정성 문제가 불거지면서 수시를 줄이고 정시를 늘리자는 목소리가 커지고 있는 것 같다.

위원장: 저희도 비슷한 입장이다. (수시 관련 부정을) 제어할 수 있는 상

2018년 11월 4일.
숙명여고 정상화를 위한 비상대책위원회와 숙명여고 사건 관련자 강력 구속수사 및 교육비리 근절 촉구 기자회견(서울수서경찰서앞)

태가 아니고. 우리나라 같은 경우 수시를 늘린 이유는 학력고사나 정시를 통해 아이들 줄세우기로 애들이 입시지옥에서 고생한다, 이런 걸 없애고 사교육을 줄이고 이런 것 때문에 하잖아요. 그런데 수시를 76.2%까지 하는데, 결과는 어떤가요. (사교육 등이) 더 심해졌으면 심해졌지, 사교육비도 더 많이 들죠. 거기에다 가장 중요한 공정성까지 담보가 안 되고 있잖아요. 일단은 공정한 것이라도 (필요하다). 예전엔 공정하기라도 했으니까 아무리 재들(아들)이라도 재수 삼수해 다 학 가야 했다. 과거의 줄이 (현재) 학교로 옮겨왔을 뿐이지, 이런 것 잘못됐다, 이런 입장이죠. 학생부 종합전형이라는 게 '성적뿐 아니라 다른 것도 본다' 이런 얘기거든요. 아이들 같은 경우는 1년 365일 성적과 생활기록부를 치장하기 숨쉴 틈이 없고, 숙제하느라 숨쉴 틈이 없고, 예체능까지 해야하고, 너무 힘든 거죠. 그럴 ㅅ 간도 없고 보통 돈으로 한다는 게 사실 꿈을 위해서 어떤 활동을 많이 해야하는데, 그것은 서민들은 보통 그렇게 하기 힘들거든요. 있는 집이나 배운 집이 그것을 해외로드 보내주고 하는 거지. 그러다보니까 '음서제도' 이런 얘기를 하는 거죠.

"학교, 430명 안중 없고 쌍둥이만 배려...수시 공정성 큰 결함" [김용출의 스토리]
세계일보, 2018.11.10

[범죄일람표]

순번	일시 및 장소	범행방법	정기고사 일정
1	2017. 9. 중순경 ~ 2017. 9. 29. F고	피고인은 1학년 2학기 중간고사 전과목(국어Ⅱ, 수학Ⅱ, 영어독해와 작문, 한국지리, 지구과학, 한국사, 가정과학)의 답안을 알아내고 B, C에게 알려주고, B, C는 이를 이용하여 응시함	2017. 9. 25. ~ 9. 29. 1학년 2학기 중간고사
2	2017. 12. 초순경 ~ 2017. 12. 13. F고	피고인은 1학년 2학기 기말고사 전과목(국어Ⅱ, 수학Ⅱ, 영어독해와 작문, 한국지리, 지구과학, 한국사, 가정과학, 운동과 건강, 음악과 생활) 답안을 알아내어 B, C에게 알려주고, B, C는 이를 이용하여 응시함	2017. 12. 7. ~ 12. 13. 1학년 2학기 기말고사
3	2018. 4. 중순경 ~ 2018. 5. 1. F고	피고인은 2학년 1학기 중간고사 인문계 전과목(문학, 미적분Ⅰ, 영어Ⅱ, 동아시아사, 생명과학Ⅰ, 사회문화, 일본어Ⅰ)과 자연계 전과목(문학, 미적분Ⅰ, 확률과 통계, 영어Ⅱ, 물리Ⅰ, 화학Ⅰ, 생명과학Ⅰ, 일본어Ⅰ)의 답안을 알아내어 B, C에게 알려주고, B, C는 이를 이용하여 응시함	2018. 4. 25. ~ 5. 1. 2학년 1학기 중간고사
4	2018. 6. 하순경 ~ 2018. 7. 4. F고	피고인은 2학년 1학기 기말고사 인문계 전과목(문학, 미적분Ⅰ, 영어Ⅱ, 동아시아사, 생명과학Ⅰ, 사회문화, 일본어Ⅰ, 스포츠문화, 음악과 생활, 미술창작)과 자연계 전과목(문학, 미적분Ⅰ, 확률과 통계, 영어Ⅱ, 물리Ⅰ, 화학Ⅰ, 생명과학Ⅰ, 일본어Ⅰ, 스포츠문화, 음악과 생활, 미술창작)의 답안을 알아내어 B, C에게 알려주고, B, C는 이를 이용하여 응시함	2018. 6. 28. ~ 7. 4. 2학년 1학기 기말고사
		모두 4회에 걸쳐 업무방해	

스카이 캐슬은 드라마 아닌 현실

2018년 가을은 숙명여고 사건으로 한참 시끄러웠다.

그렇게 겨울이 되고 대한민국은 드라마 '스카이 캐슬'로 또다시 입시비리 바람에 휩싸이게 되었다.

이미 숙명여고 사건으로 온 나라가 한바탕 난리가 난 상태라서 사람들의 관심이 더 쏠릴 수밖에 없었다. 당시 누군가는 드라마라 가능한 일이라고 했다. 과연 그럴까?

난데없는 소재, 입시! 타이밍도 아주 절묘했다.

시청률은 고공행진을 했다. 드라마 내용이 다들 남 일 같지 않았을 것이다.

드라마 속의 여주인공 딸 예서는 서울대학교 의대에 가야만 한다. 안 그러면 낙오자가 된다고 여긴다.

삼대째 의사 집안을 만들고 싶어 하는 할머니, 야망은 끝이 없다.

할머니에게 손녀가 살아가야 하는 이유는 오르지 서울대 의대 진학, 삼대째 의사 집안 만드는 것.

아이의 의견 따위는 안중에도 없다.

며느리는 중압감에 시달리고, 어떻게라도 딸을 서울대 의대에 보내야만 한다.

엄마의 인생 목표 역시 딸을 서울대 의대에 보내는 것.

그런데 생각보다 쉽다. 불의와 타협하면 된다. 엄마는 결국, 불의와 손을 잡는다.

핵심 내용이다. 드라마 속에서 돈으로 불가능이란 없다.

돈으로 뭐든 가능했다. 돈으로 안 되는 건, 드라마에서도 현실에서도, 없다.

드라마는 시청자에게 대놓고 말한다.

'돈으로 빌딩만 사는 게 아니라 대학도 보낼 수 있다고'

드라마는 그 특급 비밀을 공개한다. 돈으로 못할 게 없다는 것을 알려준다.

'아! 저런 식으로도 저렇게 대학을 보내는구나.'
'서민은 언감생심, 꿈도 못 꿔 볼 일.'

그저 드라마일 뿐이라고 인정할 수 있는 부분은 권선징악의 구조라는 것.

죄를 지은 사람은 벌을 받는다는 사실, 때론 깊은 참회의 눈물과 반성이 있다는 것,

그러나 현실은 불가능한 권선징악!

죄를 인정하지 않고 고액의 변호사를 앞세워 대법원 판결까지 간다. 대단한 변호사를 만나면 있는 죄도 없어지는 현실. 전관예우다 유전무죄다 하는 소리가 괜히 나온 말이 아니니까.

물론 드라마이기 때문에 일정 부분 과장은 있다. 하지만……

하지만, 드라마에서 이루어지는 입시컨설팅이 존재하는 것 또한 분명한 사실이다

드라마가 아닌 다큐멘터리라도 반박하지 못했을 이야기. 스카이 캐슬.

드라마 후반부에 시험지까지 유출한 컨설팅 업체의 조력으로 내신과 학생부를 챙겨왔던 예서가 모든 진실을 밝혀야 하는 상황과 자퇴를 결정하고 난 후 부모와 나눈 대화를 보면 같은 것을 생각하게 한다.

"내 실력은 내가 증명해 보일게"

"이 일이 밝혀지면 퇴학이든 자퇴든 당연히 되고, 그렇게 되면 학종은 포기해야 되고…올해 수능도 못봐. 다 내 탓이야, 내 욕심 때문에 이렇게…내가…내가 코디만 안 썼어도…엄마가 정말 미안하다. 엄마 잘못했어"

"나 그냥 검정고시 봐서 내년에 정시로 대학 갈래"
"그래, 떳떳하게 니 실력으로 가는게 좋지" 아빠의 대답이다.

드라마는 현 교육현장의 문제를 적나라하게 드러냈다.
학종을 준비한 모든 학생들의 이야기라고 할 수는 없지만 드라마가 현 세태를 반영했다는 평을 받으면서 많은 국민의 공감을 얻었던 것은 사실이다.

서울대는 '서운대'

기왕 얘기했으니 서울대를 살펴보자. 서울대는 2020년 기준, 학종이 무려 80%에 달했다. 드라마 속 고액 컨설팅이 영 거짓말이라고 말할 수 없는 이유다. 어쩌면 서울대의 학종 확대는 고액 입시컨설팅을 부추긴 측면이 있다고 볼 수 있다.
드라마를 보며 누군가는 그랬을 것이다.

'아, 내가 한 발 늦었구나.'

가진 자들은 '나도 서둘러야겠다.'며 따라 하기 바빴을 것이고, 평범한 부모들은 자괴감에 시달렸을 것이다.

'아, 나는 죽어도 해줄 수가 없는 일이었구나.'

부모의 경제력이 자식의 미래를 만든다는 걸 인정해야 하는 현실, 드라마는 현실을 꿰뚫었다.

"세상은 왜 이리 나를 서운하게만 만드는 걸까요?"
"가난이 안타깝지만, 죄라고 생각하지 않았는데."
"드라마를 보니 가난이 죄입니다."

많은 사람들에게 서울대가 '서운대'로 느껴지는 이유이다.

시청률이 높아질수록 '문제 제기'보다 입시컨설팅 문의가 더 늘어났다는 후문이 있다.
모두를 씁쓸하게 만드는 현실이다.
드라마에서도 학종은 조롱거리였다.

2020년 10월 28일, 서울대는 교육부의 정시 확대 정책을 따르면서 고교 교육 정상화를 위한다는 미명하에, 정시전형에 20%의 교과평가를 반영하여 정시 선발인원을 확대하겠다고 했다. 수시에만 있던 지역균형전형을 정시에도 신설하여 2023학년도 정시 전형 안을 예고했다. 정시 지역균형(지균) 전형과 정시 일반 전형에 교과평가를 반영하는 것을 골자로 했다. 우려가 현실로 나타났다.

학종의 천국이라 불리는 서울대가 정부의 정시 확대 방향을 그대로 받아들일 리가 없었다. 그간 학부모들이 목이 터져라 학종 폐단을 이야기했건만, 그들은 눈 하나 깜짝하지 않고 100% 학종과 다를 바 없는 정시를 만들어버렸다.

정시 확대를 외쳐온 학부모 학생들에게 서울대 2023 정시전형은 사기극이나 다름없었다.

'첫째, 정량 평가 아닌 여전한 깜깜이 평가'

전형안의 교과평가 방식은, 평가자가 학생부에 기재된 이수 교과목, 그 내신 등급, 학생부 세부 특기사항을 기반으로 평가하여 A, B, C의 점수를 매기는 방식이다.

이는 평가 요소와 평가 방식 모두 기준이 애매하고 불투명하다. 평가자의 주관이 개입될 여지가 다분했다. 수시를 넘어 정시조차 깜깜이 전형을 만들겠다는 것.

'둘째, 무늬만 수능위주전형'

정시 일반 전형은 1단계에서 수능 점수만으로 2배수 선발, 2단계는 수능점수 80점과 교과평가결과 20점을 더한 100점으로 하여 선발.
표면적으로는 교과평가의 반영비율이 적어 보이지만, 1단계 합격자의 수능 최고점과 최저점의 차이가 매우 근소하기 때문에 수능 동점자들의 경합이 불 보듯 뻔하다.
결과를 좌우하는 건, 수능이 아니라 교과평가점수가 되는 것. 치열한 내신에 뒤처진 학생들은 정시 경쟁에서마저 낙오, 대학의 희망을 잃을 수도 있다

'셋째, 죽음의 트라이앵글'

수능, 교과, 심지어 세부 특기 사항을 채워야 한다. 그러려면 쉴 틈이 없다. 무엇도 소홀히 할 수가 없는 지경이 된다. 정신적 부담은 물론 육체적 고통이 위험수위에 달할 것이다.

이에 정시 확대를 위한 학부모 모임은 다음과 같이 요구했다.

첫째, 서울대에 요구한다. 이것이 공교육 정상화를 위한 것이라 변명하

지 말라. 공대에 지원하는 학생에게 물리Ⅱ 화학Ⅱ의 이수가 필요하면, 수능 필수과목으로 지정, 가산점을 주면 된다. 결국, 모든 전형을 학종화, 정시 확대에 저항하는 처사일 뿐이다. 서울대의 몸부림일 뿐이며, 절대로 공교육 정상화를 위한 방법일 수 없다.

둘째, 교육부에 요구한다. 서울대의 2023학년도 전형안 예고를 묵과하면 다른 대학들도 곧 모방할 것이다. 정시 확대를 거스르는 전형인데도 교육부가 정시 40% 목표를 달성한 것으로 인정하고 서울대에 고교교육 기여대학 지원 사업에 참여 자격을 준 것은 명백한 대국민 사기극에 교육부가 동참한 것이다. 국민의 혈세를 쏟고도 입시의 불공정을 지켜보는 교육부는 직무유기다.

마지막으로 대통령께 요구한다. 이전 국회 시정연설에서 지시한 정시 비율 상향이 사나워진 여론을 잠재우기 위한 것이 아니라면, 또한 학생부 전형의 과도한 쏠림으로 벌어진 학생과 학부모들의 고통을 이해한다면, 서울대의 전형안 예고가 현실화 되지 않게, 모든 조치를 취해 주기 바란다.

위의 내용은 2020년 서울대가 2023정시 전형 예고안을 발표하여 이를 비판했던 기자회견 내용이다. 그러나 교육부도 대통령도 대답하지 않았다. 그렇게 서울대는 2023학년도 정시에 교과평가결과를 반영했다. 예상대로 고려대는 2024학년도 정시에 교과반영 전형이 생기고, 2026년에는 연세대도 정시에 교과를 반영하겠다고 한다.

2 나는 더 열심히 뛰어야만 했다

교육 바로 세우기 운동본부

'교육이 바로 서야 나라가 바로 선다.'
'미래를 위한 가장 확실한 담보는 교육이다.'

너무 당연한 말이지만 교육의 힘으로 성장한 대한민국은 지금 그 힘이 더 절실한 상황이다.

교육 현장에 가보니, 숱한 먼지가 쌓여 그 속을 들여다 볼 수조차 없다.

입김만으로는 절대 날려버릴 수 없는 먼지들. 너무 단단하게 굳어 혼자 깨트리기엔 어림없는 큰 바위 같았다.

힘을 합해야 했다.

2018년 당시 교육 현안은 매우 혼란스러웠다.

지방선거에서 진보교육감들이 압도적인 승리를 하자 자사고 특목고를 일괄 폐지하겠다고 서울에 이어 전북도 시끄러웠다. 바로 잡아야 했다. '교육 바로 세우기'가 필요했다.

가장 먼저 추진된 건, 학생부종합전형과 같은 수시와 관련된 입시비리를 밝히고, 정시 비율이 좀 더 확대되어야 한다는 운동. 그렇게 시작한 운동이 숙명여고 사건과 드라마 스카이 캐슬 때문에 잘 모르는 국민들을 설득하기가 수월해졌다.

입학사정관 제도가 처음 도입될 당시 반기는 이가 많았다. 아이들이 시험이라는 굴레에 갇혀 성적으로 한줄세우기 하는 것은 이제 그만 해야 한다는 말이 설득력이 있을 때였다.

그러나 입학사정관제 시작 이후 대체로 예비고사 본고사 시절을 겪거나 학력고사를 겪은 부모 세대가 자기 아이 입시를 경험하게 되면 대다수 학부모들이 그들이 상상했던 것과 입시가 다른 방향으로 흘러가고 있다는 것을 깨닫게 된다.

'이럴 거면 차라리 성적으로 줄을 세워라'

수능만 준비하면 됐던 일이 수 십 가지, 수 백 가지가 넘는 입시전형을 알아봐야 했다.

그리고 무엇을 어떻게 준비해야 하는지 각종 학원설명회까지 쫓아다니지 않으면 안 되는 복잡한 입시 때문에 점점 부모들의 등골은 휘어갔다.

시험 한번 만으로 당락을 결정하기보다 평소 성적과 학교 생활, 진로와 관련된 활동은 얼마나 했는지 그 모든 사항들을 종합하여 선발한다는 이론은 아주 바람직해 보였다.

'취지가 좋다고 반드시 좋은 결과를 가져오는 것은 아니다.'

한 번의 결과가 아닌, 과정을 살피자는 취지가 왜 나쁘냐고 반문할지 모른다.

그러나 그동안 '신뢰'와 '공정'이 무너졌다.

기득권이 공정한 레이스를 하지 않는 한 그 피해는 힘없는 서민이 입는다.

이러한 서글픈 현실이 입시에서도 그대로 벌어진다면 우리 아이들이 얼마나 참담할지.

'누군가는 절대 넘을 수 없는 벽'

교육은 그 벽을 넘을 수 있는 기회의 영역이 되어야 한다.

공감을 잃은 교육 현장, 교육의 수요자인 학생과 학부모의 목소리에 공감하지 않는다면 아무리 좋은 취지의 정책을 만들어 내놔봤자 그 제도는 교육 현장에서 뿌리내리기 어렵다.

충격적인 조국 일가의 입시비리

숙명여고 사건은 재판이 진행되고, 드라마 스카이 캐슬도 종영을 한 상태에서 입시정책의 문제를 제기하던 우리가 더 목소리를 내는 것이 사실상 어려워진 2019년.

그렇게 입시제도 문제에 대한 국민의 관심이 끝나는 듯 했다.

그러나 당시 문재인 대통령이 법무부 장관에 조국씨를[8] 지명하면서 온 나라가 다시 시끄러워졌다.

청문회 과정에서 제기된 자녀의 입시 관련 의혹은 그 자체로 충격이었다.

그동안 우리가 거론해왔던 각종 입시비리 사례의 종합세트 같은 느낌이었다.

딸 조씨의 대학입시과정과 의학전문대학원 입학 과정에 제시한

---

[8] 필자는 조국씨가 법무부 장관으로서 자격이 안 된다고 임명철회를 외쳐왔기 때문에 그의 직함을 전 장관이라고 하지 않겠다.

서류 중에서 위조나 허위가 많다는 의혹이었다. 청문회 과정에서 제기된 의혹이 모두 사실이 아니라고 당당히 말하던 모습은 지금도 잊을 수 없다.

그 당시 대한민국 국민은 '조국 수호'를 외치는 사람들과 '조국 사퇴'를 외치는 사람들로 나뉘게 되었다. 그 정도로 의혹이 제기되었다면 죄가 있고 없음을 법으로 심판하는 것이 당연한 일인데 끝내 대통령은 법무부 장관에 임명했다. 그렇게 그들의 죄가 묻히는 듯 했지만 학부모, 청년들의 사퇴 압박이 거세지고 여론이 좋지 않자 결국 조국은 한 달 만에 법무부 장관 자리에서 내려왔다.

우리는 2019년 그해 여름 고려대, 서울대 앞에서도 진상 조사하라고 외쳤고,[9] 세종문화회관에서 조국 사퇴를 촉구했다.[10]

"누가 학종의 미래를 묻거든 고개를 들어 조국을 보게 하라"

서울대 슬로건 "누군가 조국의 미래를 묻거든, 고개를 들어 관악을 보게 하라."를 패러디한 것.

---

[9] 고려대 · 서울대생 1000여명 성난 촛불 "조국 딸 진실을" "조국 교수 사퇴하라" [조선일보] (2019.08.23.) - https://naver.me/GQNXSZXL
[10] 조국 법무장관 후보자 사퇴 촉구 집회 [뉴스1] (2019.08.30.) - https://naver.me/l54Hyhx9

학생부종합전형의 전신인 입학사정관제로 대학을 보낸 조국씨의 딸 조씨의 입시과정이 너무 어이가 없고 화가 나서 당시 기자회견을 위해 우리 단체가 만든 현수막 문구였다.

주요 허위 스펙 의혹	1심	판단 이유(1·2심)	2심
1 동양대 총장 표창장	유죄	정경심 교수가 동양대 휴게실 PC로 위조	유죄
2 동양대 보조연구원	유죄	실제 근무 안해	유죄
3 단국대 의과학연구소 인턴 및 논문 1저자	유죄	실제 논문 작성 기여 안해	유죄
4 공주대 생명공학연구소 인턴	유죄	관련 연구나 실험 참여 안해	유죄
5 KIST 인턴	유죄	이모 전 KIST 소장이 정 교수와 친분으로 허위 작성	유죄
6 서울대 공익인권법센터 인턴	유죄	-조씨 실제 인턴 안해, 조국 전 장관이 허위 발급에 공모 -세미나 동영상女 조민 여부는 허위성에 영향 없다(2심)	유죄
7 부산 아쿠아팰리스 호텔 인턴	유죄	실제 인턴 활동 없었지만 조 전 장관이 허위 작성	유죄

정경심 항소심도 징역 4년…법원 "조민 7대 스펙 전부 허위"
출처: 중앙일보 | 네이버 – https://naver.me/5yBY8BbA

부인인 정경심씨는 동양대 총장 표창장 위조, 동양대 연구활동 확인서, 단국대 등 5곳 인턴 서류가 모두 허위로 판명돼 대법원에서 최종 4년의 실형이 확정되었다. 그리고 조국씨는 현재 1심에서 유죄 판결을 받은 상태로 입시 과정에서 부모의 사회적 지위와 정보력이 자기 아이 입시에 얼마나 큰 영향을 줄 수 있는지 여실히 보여주었다.

정경심씨의 수사가 마무리되는 기간은 3년 가까이 걸렸고, 조국씨의 수사는 아직도 진행 중이다.

그러나 우리 사회는 여전히 그들 가족의 이해할 수 없는 행동 때문에 심기가 불편하다. 아버지 조국씨는 재판 내내 책을 써서 변명도 모자라 부끄러운 줄 모르고 북콘서트까지 열고, 딸 조씨는 본인의 입시와 관련된 범죄가 유죄로 판결이 났는데도 그동안 언론을 통해 부인해왔던 말과 행동에 대한 반성은커녕 유튜브까지 개설해 응원을 받고 있는 상황이다. 비정상의 극치다.

조국씨가 그동안 사회를 향해 해온 많은 말들은 모두 '조적조'라는 소리를 들을 정도로 자기 자신에게 향했고, 청문회 과정 동안 했던 말과 재판 과정에서 했던 말은 정경심씨의 유죄 판결로 모두 거짓이 되어 버렸다.

조국 일가의 입시 비리가 많은 사람들에게 충격을 준 것은 그동안 그가 우리 사회에서 보여준 모습과 너무 달라서 그에 대한 실망감이 컸기 때문이다. 많은 국민이 그가 해왔던 정의로운 말이 모두 위선이라고 느꼈던 것이다.

소위 사회의 지도자라고 하는 사람들에게 국민은 기대하는 바가 크기 때문에 그들이 저지른 파렴치한 행동에 대해 도저히 용서가 안 되는 것이다. 조국 사태는 자기들 진영의 사람들조차 등을 돌릴 지경이었으니 우리 사회에 얼마나 큰 파장을 일으켰는지 알만하다.

  2020년 8월 조국씨가 법무부 장관 후보로 지명된 지 1년이 되던 날, 본인 페이스북에 제66대 법무부장관 후보로 지명됐던 일을 소회하며, "가족들 모두 '멸문지화를 꾀하는 검찰 수사를 묵묵히 받았다."고 말하면서 검찰이 '살아있는 권력'이라고 말했다. 그렇다면 본인은 죄가 없다는 것인가.

  국민이 기억하고 있는 그 당시 검찰은 살아있는 권력에 맞서다 손발 다 잘린 식물 검찰총장을 배제하고 살아있는 권력에 충성하는 검찰 내 몇몇 검사들이 뭐든지 할 수 있는 상황이었다. 검찰이 과도하게 수사를 했다는 식의 발언을 계속 하면서 자신을 지지해주는 사람들을 향해 '나는 억울하다' 피해자 코스프레를 하는 모습은 입시 비리 죄보다 더 파렴치하다.

당시 총선에서 180석에 가까운 거대 여당이 된 상황인데 누가 조국을 약자로 보겠나.

부인인 정경심 교수가 버젓이 유죄 판결을 받고 형을 살고 있는데, 가족들의 해괴한 행보가 국민의 눈에 곱게 보일 리가 없다.

여전히 조국씨의 항소심과 대법원 판결이 남아있고, 자녀들의 기소 문제도 남아 있는 지금. 대한민국은 다시 '수능은 그 생명을 다했다'며 또다시 수능 절대평가, 수능 자격고사화 얘기로 뉴스를 도배하고 있다.

학부모 학생이 복잡한 입시 준비로 고통을 호소하는 동안 내내 입 닫고 있던 사람들마저 2025년도에 전면 시행될 고교학점제에 맞춰 수능은 손을 봐야 한다고 말하고 있다.

좋다. 손을 볼 것이 있으면 봐야 한다. 수능도 문제가 있으면 고쳐야 한다.

그러나 국민은 불안할 수밖에 없다.

15년 전 입학사정관 제도가 도입될 당시 기대에 찼던 학부모들이 자기 자식 입시를 경험하면서 보고 듣고 깨달은 현실은 기대했던 것과 달랐다.

학부모들은 대개 내 아이 입시가 끝나면 뒤도 돌아보고 싶지 않은 심정이기도 하지만 그렇다고 내가 말한다고 뭐가 바뀌겠냐 하는 마음에 보통 입을 닫는다. 그러는 사이에 아무 문제가 없는 것처럼 학생부종합전형과 같은 수시 전형이 확대되어온 것이다.

이미 정해진 정책은 쉽게 바꾸거나 중단하기가 어렵다. 심각한 부작용이나 거대 저항이 있기 전까지는 문제가 있어도 그 정책은 계속 진행된다. 현재 대한민국은 교사도 학부모도 문제가 있다고 하는 고교학점제를 2025년에 전면 시행한다는 이유로 또다시 2028대입제도를 개편해야 하는 상황이다.

그런데 이미 학생부종합전형에 익숙해진 일부 지방의 고등학교에서는 이 전형이 아니면 지방 고등학교는 소위 스카이 대학이나 인서울을 하기 어렵다며 자기소개서와 비교과 활동을 다시 부활시켜야 한다고 한다.

교사의 영향력과 부모의 영향력이 절대적인 학생부종합전형은 특정 학생에게 더 유리한 전형이고, 취약계층의 학생들은 감히 접근 불가 전형이라고 2018년 그렇게 외쳐왔는데, 2023년 이 논쟁을 다시 반복되고 있는 이 현실이 참 씁쓸하다.

대한민국은 조국 일가의 입시 비리가 어떻게 이루어져 왔는지 다시 망각해가고 있는 것 같다.

죄를 짓고도 국회의원이 되는 나라

조국 일가의 입시비리 사건이 터졌을 때 정치권에서 보여준 비상식적인 말과 행동은 국민들을 더 실망시켰다. 그러나 그것은 시작에 불과했다. 2020년 총선에서 조국 자녀의 입시비리에 관여한 자를 포함해서 조국수호에 앞장섰던 자들이 당선되는 모습을 목도해야만 하는 이 기막힌 현실.

총선이 끝난 2020년 4월 21일, 조국 아들에게 허위 인턴증명서를 발급해준 죄로 재판을 받으러 나온 최강욱과 법을 만들 자격이 없는 김남국, 황운하 같은 자들을 비판하기 위해 법원 앞에서 기자회견을 했다.[11]

다음은 기자회견문 내용이다.

청소년 유해매체에 해당하는 팟케스트에서 공동진행자 자격으로 출연해 여성 비하 발언을 무려 27회나 서슴지 않고 한 후보자의 당선,

검찰개혁을 외치며 시민을 위한 정치를 하겠다더니 온 나라를 떠들썩하게 했던 탁현민과 정봉주 등 여권실세들의 성범죄 전담 변호를 맡아왔던

---

[11] "법 어긴 자, 법 만들 자격 없다"… '허위 문서 발급' 최강욱 사퇴 촉구 [뉴데일리] (2020.04.21.) - https://naver.me/5s3qYsP4
최강욱 "정치검찰의 불법적 기소" vs 시민단체 "검찰개혁 운운 말고 사퇴하라" [뉴스1] (2020. 04.21.) - https://naver.me/F9zMh0KZ

후보자의 당선, 울산시장선거에 개입했다는 의혹을 받고 있는 후보자들의 당선, 이들의 당선은 대한민국의 도덕과 상식이 무너지는 과정이었다.

"우리 아이들이 살아가야 할 대한민국의 미래, 과연 이대로 괜찮은 것인가! 더 이상 부적격자, 무자격자들이 대한민국에서 판치는 세상을 그대로 볼 수 없다!"

이번 총선에서 180석의 거대 여당이 된 더불어 민주당은 이런 자격 미달의 후보자를 공천한 책임을 지고, 당장 입장을 밝히고 이들의 당선을 취소하라! 그것이 국민에게 사죄하는 길이며 자신들이 무너트린 대한민국의 도덕과 상식을 바로 잡는 일이다.

우리 국민은 이번 총선을 지켜보며 '대한민국이 정상적으로 얼마나 버텨낼 수 있을지' 그에 대한 걱정과 불안이 더 커졌다.
성인지 감수성은 부족하고, 조국을 수호하는 후보자들을 공천하고, 조국을 비판했던 당내 국회의원은 컷오프시키고, 울산시장 선거 개입의 의혹을 받고 있는 후보들을 공천하는 집권 여당의 비상식적인 모습.
이런 모습을 국민들에게 보여줌으로써 이제 우리 아이들에게 도저히 도덕적으로도 설명할 수 없는 지경까지 만든 집권 여당에게 그리고 아직도 조국에게 마음의 빚이 있다고 온 국민에게 입장을 표명한 문재인대통령에게 무너진 이 나라의 도덕과 상식을 어떻게 회복시킬 것인지 묻고 싶다.

〈2020년 4월 21일 검찰청 앞…기자회견문 중에서〉

〈2020년 4월 21일 검찰청 앞…기자회견문 중에서〉

조민이 의사국가고시를 치른다고?

2020년 12월24일 법원은 정경심교수에게 4년 징역형을 선고하였다.

특히 입시비리 혐의 관련 재판부는 "입시 비리 관련된 동기 등을 고려할 때 범행의 죄질이 좋지 않고, 조씨가 서울대 의전원에 1차 합격하는 등 실질적 이익을 거둬 다른 응시자들이 불합격하는 불공정한 결과"라고 봤다.

또한 "정 교수의 범행은 교육기관의 업무를 방해했을 뿐만 아니라 공정한 경쟁을 위해 성실히 노력하는 많은 사람들에게 허탈감을 야기하고, 우리 사회의 믿음을 저버려 비난 가능성이 크다"고 했다.

이는 재판부의 아주 현명한 판결이다.

대한민국의 학부모들은 그 너무도 당연한 판결에 감사했다.

그러나 그 감사한 마음도 잠시 부산의전원에 입학하기 위해 제출되었던 서류가 버젓이 허위로 판결이 났는데, 부산의전원의 입학취소 발표는 감감 무소식이고, 조민의 의사국가고시 최종합격 소식만 들려온 이 상황을 도대체 국민들은 어떻게 받아들여야 할까?

하나의 서류만 조작을 해도 그 즉시 입학이 취소되는 것이 입시 관련 규정 아닌가? 하물며 단국대 의과학연구서 인턴 활동 및 논문, 동양대 표창장, 동양대 권구확인서, 한국과학기술연구원(KIST) 인턴 경력, 호텔 인턴 증명서, 공주대 인턴 증명서, 서울대 공익인권법센터 인턴 확인서까지 무려 일곱 가지의 서류를 위조하고 의학전문대학원 입학을 위해 이용했는데 뭐가 더 필요한 것인지.

대법원까지 가면 이 같이 위조한 사실들이 뒤바뀐단 말인가? 아니면 끝까지 뻔뻔하게 인정하지 않으면 있던 죄가 사라진단 말인가?

도대체 죄를 짓고도 반성의 기미는 커녕 버젓이 의사국가고시를 보게 한다는 것이 말이 되는지.
도저히 납득이 가지 않는 일이 이렇게 계속 되어도 되는 것인지.
화가 난 학부모들은 청와대 앞에서 대통령에게 물었다.[12]

대한민국 학부모들이 문재인 대통령께 묻겠습니다.
조국 전 장관의 딸 조든의 의사국시 합격이 기쁘십니까? 보란 듯이 합격하니 기특하십니까? 설마 과정이 공정해야 한다고 하신 대통령께서 이 결과를 보시고 정의롭다고 하시지는 않겠지요.

---

[12] 시민단체 '조민 의사국시 합격, 문재인 대통령에게 묻습니다' [뉴스1] – https://naver.me/GUthTzCt
교육바로세우기운동본부 "즈민 국시 합격, 대통령이 바로 잡아야" [뉴데일리] – https://naver.me/Gu0qpbfj

지금 이 순간에도 고등학교 3년 내내 최선을 다했으나 수시에서 기회조차 갖지 못하고, 그 치열한 정시에 원서를 내고 노심초사 합격하기만을 기다리는 수십만의 수험생들이 있습니다. 그들이 이 과정을 보며 뭐라고 하겠습니까?

대통령께서 바로 잡아 주십시오.
기회가 불평등하고, 과정이 불공정하고, 결과마저 정의롭지 못하다면 이는 명백히 바로잡아야 할 대상입니다.

정경심 교수의 지난 12월 24일 재판 결과를 놓고,
"그 시절 자식의 스펙에 목숨을 걸었던 이 땅의 부모들을 대신해 정 교수에게 십자가를 지운 거냐"고 발언한 윤영찬의원은 마치 그 시대에 입시를 준비하던 많은 학부모들이 자식 스펙 쌓기에 혈안이 되었다는 것처럼 말하며, 그 학부모들이 모두 부정한 방법을 동원한 것처럼 발언해서 당시 스스로 열심히 스펙을 쌓으며 최선을 다했던 학생들마저 모욕하는 어이없는 상황을 만들었습니다.
대다수의 학부모들은 정경심 교수처럼 입시제도의 빈틈을 이용하기 보다는 그저 아이에게 최선을 다하라고 응원하고 묵묵히 뒷바라지를 합니다.

청와대 국민소통수석이었다는 분이 어찌 이렇게 형편없는 발언으로 국민에게 실망과 상처를 줄 수 있단 말입니까.

그것뿐입니까? 국민들을 실망에 빠트린 조국 정경심 두 부부의 자녀입시비리 재판에 대한 첫 판결을 놓고 내뱉은 여당의원들의 망언들은 국민의 정서를 중요하게 생각하고 있다고 늘 말해오던 국민의 대표로서 해서는 안 될 아주 부적절한 발언이었습니다. 또한 이 정권 지지자들의 재판부를 향한 "법레기의 난...검새·판새 다 때려잡자"고 하는 독설은 이미 도를 넘어도 한참 넘었습니다.

이렇게 입시비리와 관련된 일곱 가지 혐의가 모두 유죄 판결을 받은 정경심 교수를 시대의 희생양으로 미화시키는 것은 판결을 내린 사법부를 능멸한 것이며, 이 재판을 지켜보며 입시비리가 근절되기를 바라던 수많은 학부모와 학생들을 기만하는 행위입니다.

법치주의를 훼손하고 민주주의를 심각하게 위협하는 집권여당의 발언과 지지자들의 광기를 바르 잡으실 분은 대통령밖에 없으십니다. 지난해 신년인사에서처럼 조국 전 장관에게 마음의 빚이 있다고 말씀하시는 이상 사법부의 결정을 흔들고 이런 말도 안 되는 발언들은 계속해서 쏟아질 것입니다.

다시 한 번 대한민국 학부모들이 묻겠습니다.
조국의 딸 조민의 의사국가고시 합격이 과연 공정하고 정의롭습니까?
대통령께서는 오늘 기자회견을 통해 이 대답을 꼭 해주시길 간곡히 부탁드립니다.

마지막으로 입시비리의 근절과 공정을 외쳐온 학부모들의 입장에서는 정경심교수의 선고 결과는 우리 사회가 바르게 나아가는데 아주 중요한 지침이 될 것이라 기대하고 있습니다.

특히 교육기관의 업무를 방해했을 뿐만 아니라 공정한 경쟁을 위해 성실히 노력하는 많은 사람들에게 허탈감을 야기하고, 우리 사회의 믿음을 저버려 비난 가능성이 크다고 판단한 재판부의 결정을 존중하고 이에 대해 깊이 감사드립니다.

〈 2021년 1월 18일 청와대 앞 기자회견 중에서〉

조국의 시간은 국민 기만의 시간

문재인 정부와 더불어민주당의 국민 기만은 총선 이후 거대 여당이 되고 더 심각해졌다. 여당 국회의원들은 하나같이 조국 감싸기 바빴고, 당시 검찰 총장이었던 윤석열 검찰 총장이 무리한 수사를 하는 것이라고 몰아붙였다. 내 편이 살인을 했다고 해도 감쌀 작정이다.

죄를 지어도 내 편을 드는 부류가 있으니 뉘우칠 리는 만무하다.

아내는 입시 비리 관련해 유죄 판결을 받고, 딸은 의사국가고시에 합격하는 이 어이없는 상황에 조국은 '조국의 시간'이란 책을 출판했다. 출간되자마자 이 책은 베스트셀러가 되었다. 심지어 교보문고 베스트셀러 10권중에서 1위를 했다. 조국 수호를 외쳤던 사람들이 존재하는 나라에서 놀라울 일도 아니다.

조국백서추진위원회가 썼던 '검찰개혁과 촛불시민:조국 사태로 본 정치검찰과 언론'에 이어 또다시 폐기해야할 책이 출간된 것이다. 이러한 책을 출간하는 것은 진실을 왜곡하는 국민 기만행위이다.

우리는 또다시 검찰청 앞으로 나갔다. 자신들이 저지른 입시 비리에 대해 반성하지 않는 모습, 국민을 현란한 글로 기만하며 셀프 면죄를 일삼는 조국을 비판하기 위해서 또다시 모였다.[13]

---

[13] 시민단체, 자서전 낸 조국에 "싸구려 감성팔이 중단하고, 재판에 성실히 임하라" – https://naver.me/xCi7LsRO

조국 전 장관은 사퇴이후 지금까지 형사재판을 받고 있다. 그런데 재판을 받고 있는 피고인이 자서전을 낸다니 이것이 말이 되는가. 수년간 자신이 내뱉은 말들이 조국 전 장관 자신에게 되돌아가 '조적조'라는 비판을 받았으면서 이젠 자서전까지 쓰다니 상식적으로는 그의 정신세계를 도저히 이해할 수가 없다.

조국은 오랜 성찰과 자속의 시간을 보내며 조심스럽게 책을 준비했다고 했고, 자신이 쓴 책을 촛불 시민들께 바친다는 얘기도 덧붙였다. 출판사 측에서도 진보적인 지식인으로서 꿈꿔왔던 검찰개혁을 공직자로서 실현하는 과정에서 겪은 고난의 시간을 가감 없이 담아냈다는 보도 자료를 내며 홍보를 한다. 온 나라를 분노케 한 조국 사태가 왜 일어났는지 모르는 사람이 들으면 시대의 희생양도 이런 희생양이 없다.

특히 '가족의 피에 펜을 찍어 써 내려가는 심정이었다.'고 말한 조국, 그 어디에서도 이 땅의 청년들이, 이 땅의 학부모들이, 이 땅의 국민들이 받았던 고통의 시간에 대한 미안함은 찾아볼 수 없었다. 오로지 조국 자신과 조국의 부인과 조국의 자녀들과 동생, 조카가 받은 고난에만 갇혀 있다. 그러나 조국 전 장관은 분명히 알아야 한다. 조국 전 장관 가족들이 피를 흘리게 된 것은 조국 자신 때문이라는 것을. 그리고 지금 조국 전 장관 스스로 그 고통의 시간을 다시 소환하고 있다는 사실을 알아야 한다.

딸 조민의 고려대와 부산의전원 입학과 관련된 비리혐의, 자격 미달의 학생에게 여섯 번이나 지급되었던 장학금, 단국대 의료원 의과학연구소 논문 제1저자 등재, 서울대 공익인권법센터 인턴쉽, 동양대 표창장 위조, KIST 사문서 위조, 그뿐인가 아들과 관련한 조지워싱턴대 대리 시험, 허위 인턴증명서 발급 등 1심에서 죄로 인정된 입시비리 의혹만으로도 차고 넘친다. 이와 관련하여 부인 정경심 교수는 징역 4년을 선고 받고 법정구속까지 되었다. 그 외에도 조국 전 장관은 사모펀드, 웅동학원 관련해서 현재 재판 중이며, 울산시장 선거개입, 유재수 감찰무마 사건, 김학의 불법출금과 수사외압 까지 청와대 민정수석 당시 관여한 정황이 여기저기에서 드러나 고발된 상태이다. 그런데 그 조국 전 장관이 조용히 재판을 받아도 모자랄 판에 가족의 피 운운하며 피해자 코스프레를 하고 있다니 국민을 무엇으로 아는 것인가.

조국과 그 가족은 특히, 공정하게 경쟁하는 우리 청년들과 학부모들에게 허탈감과 실망감을 넘어 배신감까지 안겨주었고, 사회에 대해 불신을 갖게 만들었다. 우리 청년들과 학부모들은 조국과 그 가족들이 재판을 받으면서 내로남불, 유체이탈의 발언을 쏟아낼 때마다 뛰쳐나와 저항하고 싶었지만 재판 중이라 인내심을 가지고 판결을 기다리고 있었다. 그런데 피고인 조국은, 성실하게 재판을 받기는커녕, 검찰, 언론, 야당이 허위사실을 유포하기 때문에 해명해야 할 필요성을 느낀다며 말도 안 되는 자신만의 명분을 만들어 지금 이 상황에 자서전을 냈다. 이게 도대체 제정신인가. 대한민국의 전 법무부 장관으로서, 법학자로서 또 교육자로서, 최소한의 양심과 상식이 있다면 구차하게 변명하거나 감성 팔이를 위해 자서전을 낼 때가 아니라 재판 중인 피고인으로서 성실하게 재판에 임해야 할 때다.

조국 자서전을 놓고 당시 여당 의원들의 반응은 더 기가 막힌다. 그새 국민의 분노를 잊은 것인가, 가슴 아프고 미안하다는 사람, 진실이 밝혀지길 기원한다는 사람, 조국의 시간이 자신들의 이정표가 돼야 한다는 사람 모두 이 나라의 국무총리, 법무부 장관이었다는 사실, 우리는 그들의 반응에 더 분노한다. 조국 전 장관은 스스로 검찰개혁의 불쏘시개이자 순교자로 자처하며 숭앙받고 싶겠지만, 당신들이 말하는 검찰개혁은 당신들 입맛에 맞는 수사를 하도록 검찰을 장악하거나 그게 안 되면 검찰을 해체하는 것이었음을 지난 4년간 우리에게 똑똑히 보여줬다.
우리는 조국 전 장관을 검찰개혁의 희생자인 양 포장하는 과대망상 환자들의 쇼를 더 이상 봐줄 수가 없다. 조국의 시간과 공간은 현재 대한민국 상식의 시간과 공간과는 엄청난 괴리가 있다.
조국의 시간은 국민 분열의 시간, 불공정의 시간, 내로남불의 시간, 몰상식의 시간, 부정과 부패의 시간, 법치 파괴의 시간 LH투기의 시간 그리고 국민이 고통받는 시간이었다.

지금 대한민국에서 개혁의 대상은 검찰이 아니라 무능과 부패, 위선으로 일관하는 문재인 정부임을 인정하고 속죄하길 바란다. 조 전 장관이 보여준 불공정과 불의, 조국의 시간에 분노한 국민들이 다시 촛불을 들 지경이니 더 이상 당신으로 인해 받은 고통의 시간을 소환하지 않도록 촛불 시민 운운하지 말라.

불공정에 분노하는 학부모들과 청년들이 명령한다.
조국 전 장관은 싸구려 감성 팔이를 당장 중단하고, 피고인답게 성실하게 재판에 임하라.

〈2021. 5. 31. 조국의 시간을 비판하며 서울중앙지방법원 앞에서〉

정시 확대가 왜 필요한 것일까

정시(定時)란 일정 시기 학생들이 응시하는 대학수학능력시험 결과를 토대로 각 대학이 입학생을 뽑는 일을 뜻해요. 각 학생의 학교 성적, 학교생활기록부, 수상 내역 등을 토대로 선발하는 수시와 달리 시험 100% 전형 등이 있어요. 대학수학능력시험은 전국 학생이 대개 같은 환경서 같은 시기 시험을 치르고 이를 통해 공정하게 평가받아 대입의 자료로 쓰기 때문에 학교별 수시 비리 등보다 공평하게 학생을 평가할 수 있다는 장점이 있다고 여겨져요.

〈소년중앙 시사용어〉

인터넷에 '정시'를 검색했을 때 쉽게 찾아 볼 수 있는 설명이다. 소년중앙 시사용어 설명에 아주 재미있는 내용이 있어 적어본다.

그렇다. 일반적으로 사람들은 대체로 수능으로 선발하는 것을 가장 공정하거나 공평하다고 느낀다.

그 이유는 학생부종합전형이 교사의 개인 의견이나 부모의 정보력과 경제력, 입학사정관과 같은 평가자의 개인 생각이 개입될 수 있는 여지가 크다고 보기 때문이다. 소년 중앙은 1969 창간되어 1994년 폐간이 됐지만 최근엔 온라인 주간신문으로 10대를 위한 뉴스와 정보가 가득하다. 그런데 10대들이 즐겨보는 소식지에 시사용어로 정리해놓은 정시의 의미가 유독 내 눈에 들어왔다. 소년중앙에서 말하는 학생부종합전형(학종)의 의미는 더 재미있다.

> 학종은 대학입학시험의 수시 전형서 20%대 규모를 차지하는 이른바 '학생부종합전형'을 줄여 부르는 말이다. 대학수학능력시험을 더 많이 반영하는 정시 전형과는 달리, 대개 학생생활기록부 등에 적힌 사안을 토대로 평가한다. 각 학교의 재량과 담당 교사의 자유의지 등이 반영돼 일각에선 비리의 온상이라는 오명도 쓰고 있다. 학생 개인의 능력보다는 다른 요소들이 가미될 수 있어 공정성 여부에 논란이 나온다.
>
> 〈소년중앙 시사용어〉

제대로 된 설명이다. 학교의 재량과 담당 교사의 자유의지 등이 반영된다는 부분은 학종의 문제를 지적해왔던 사람들의 목소리와 일치하는 부분이다. 그래서 '학교 복불복' '교사 복불복'이라는 말이 나왔을 정도이다. 소년중앙에서 학종이 수시전형에서 20%대를 차지하고 있다고 설명했지만 실상 2018년 경쟁률이 치열한 서울 상위권 15개 대학은 42.7%, 서울대의 경우 78.5%를 학종으로 선발했다.

연도	수시	정시	연도	수시	정시
2002	28.8	71.2	2014	66.2	33.8
2003	31.0	69.0	2015	64.2	35.8
2004	38.9	61.1	2016	66.7	33.3
2005	44.3	55.7	2017	69.9	30.1
2006	48.0	52.0	2018	73.7	26.3
2007	51.5	48.5	2019	76.2	23.8
2008	53.1	46.9	2020	77.3	22.7
2009	56.7	43.3	2021	77.0	23.0
2010	57.9	42.1	2022	75.7	24.3
2011	60.9	39.1	2023	78.0	22.0
2012	62.1	37.9	2024	79.0	21.0
2013	62.9	37.1	—	—	—

정시모집과 수시모집비율 (4년제 대학 전체)

2 나는 더 열심히 뛰어야만 했다

많은 학생들이 가고 싶어 하는 대학이 공정성 논란이 많은 학종으로 학생을 선발하다보니 결국 학부모들이 반발을 하고 나선 것이다. 수시전형이 그동안 확대되어 온 원인에는 여러 가지가 있지만 교육부가 그동안 고교교육 정상화 기여대학 지원 사업을 운영해서 선발된 대학에 지원금을 지급해온 것도 한 몫 했다고 한다.

이 사업이 학생부위주 전형 확대, 대학별 고사 및 특기자전형 축소, 수능위주전형 축소 및 수능최저기준 완화 등에 기여하였다[14]는 분석은 바꿔 말하면 기여 정도를 평가해서 지원금을 지급했다는 말이기 때문에 학종이 확대되고 수능위주전형이 축소된 데 영향을 주었다는 해석이 가능하다.

고교교육을 정상화하는데 기여했다는 명목으로 지급되는 연 500억 원이 넘는 지원금은 대학별로 적게는 수억에서 수십억까지 지급해왔다. 이 사업의 목적이 복잡한 대입전형을 간소화하고 고교 교육과정 중심 대입전형 운영하기 위한 것이라고 했지만 과연 그 목적을 달성했을까. 그리고 고교교육을 정상화하는데 정말 기여했을까. 나의 대답은 그렇지 않다는 쪽이다. 오히려 내신 경쟁은 더 치열해졌고, 엉덩이 오래 붙이고 공부만 하면 됐던 시절보다 훨씬 많은 꼼수가 통하는 입시 환경이 됐다.

---

[14] 고교교육 정상화 기여대학 지원사업 성과 분석 (강기수, 2018.03.25.) 교육혁신연구 부산대학교 교육발전연구소

수능위주 전형의 정시가 다 맞다는 얘기가 아니다. 그저 입시가 예측 가능할 수 있도록 단순화해달라는 것. 수십만 원 프리패스권이면 일타 강사의 강의를 들을 수 있는 수능이 1회에 수십만 원에서 수백만 원 하는 입시컨설팅을 받아도 합격할 수 있을지 없을지 모르는 학종보다 낫다는 말이다.

물론 수능도 고액의 족집게 과외가 있는 것은 사실이지만 그런 과외를 받는다고 다 합격하는 것도 아니고, 최소 시험은 '정정당당하게 본인이 치른다.'는 부분에서 승복이 가능하다고 하는 것이다.

논술전형은 또 어떤가. 내신이 안 좋은 학생들은 수시전형의 6개 카드를 대부분 논술전형에 쓰기 때문에 부르는 게 값인 논술 수업을 안 받을 수도 없는 노릇이다. 현실이 이러한데 사교육비가 줄어들 리가 있겠는가.

앞서 언급했듯이 2018년 수시 vs 정시 논쟁은 뜨거웠다. 김상곤교육부장관이 2017년 쏘아올린 수능절대평가 정책이 학부모들의 반대로 1년 유예가 된 상황이라 더 그랬다. 결국 대입개편안공론화까지 할 정도였으니 얼마나 많은 관심이 쏠렸는지 알만하다. 그렇게 치열하게 학부모의 의견을 말하고 논쟁했던 적이 없던 2013년이었다.

숙명여고 사건이 터지고, 스카이캐슬 드라마에 조국 사태까지 벌어진 영향이 없지 않았지만 그나마 서울상위권대학 정시 40%는 정말 어렵게 얻어낸 결과였다.

그런데 2023년 지금 2028대입개편안을 앞두고 다시 수능절대평가, 수능 자격고사화 얘기가 스멀스멀 나오고 있다. 2025년도 고교학점제 전면시행에 맞춰 입시 제도를 손봐야 한다는 얘긴데, 얼마나 많은 학부모가 이 시도에 동의할지 모르겠다. 아마도 '또 바꾸냐'는 원망의 소리가 여기저기에서 나올 듯 싶다.

교사도 반대하고 학부모도 반대하는 고교학점제가 취지대로 현장에 잘 뿌리 내릴지 의문이다.

어떤 교사들은 말했다.

"수시로 대학에 보낼 아이들을 학교 차원에서 특별 관리하는 것이 외려 교육의 본질을 훼손하는 일이다."

수능처럼 성적으로 한 줄 세우기 하지 말라는 사람들에게 묻겠다. 그럼 내신, 수능, 학생부 등으로 여러 줄로 세우는 것은 괜찮은가.

입시 비리는 대학이 저질렀는데 왜 피해는 다른 학생들이?

 2022년 5월 12일 대통령인수위원회 '국정과제 이행계획서'에 따르면 새 정부는 신속한 입시비리 대응체계를 마련하기 위해 내년 고등교육법 시행령을 개정해 중대한 입시비리·부정을 저지른 경우 1차 위반 시부터 입학정원을 감축할 수 있도록 추진한다[15]고 한다. 그만큼 입시비리와 부정을 엄중하게 처벌하여 공정하고 깨끗한 입시 환경을 만들겠다는 정부의 의지를 표명한 것일 테다.

 현행법상 대학이 중대한 입시비리를 저지를 경우 1차 위반에는 10% 범위 내에서 모집 정지, 2차 위반 시에는 10% 범위 내에서 입학정원 감축을 할 수 있다. 그러나 이 현행법은 철저하게 대학의 범죄 사실에 대한 처벌에만 초점이 맞춰졌다. 왜냐하면 입학정원 10%가 감축되면 사실상 그 피해는 학생이 보게 되는 것이기 때문이다.

 대학이 입시 비리를 저질렀는데 왜 입시를 준비하고 있는 학생들을 그 대학에 가지 못하게 하는 것인지. 도대체 누구를 위한 법인지 알 수 없다.

 입시비리를 저지른 대학이 10% 입학정원 감축으로 입게 되는 손해는 입학정원의 10%에 해당하는 학생수 4년 치 등록금일 것이다.

---

[15] 중대 입시비리 대학 정원감축 추진…대학등록금 인상 가능성도 – 연합뉴스 (2022.05.12)

그렇다면 그것은 입학정원을 감축하는 것으로 학생들에게 직접적인 손해를 줄 일이 아니라 대학에 감축하는 입학정원의 4년 치 등록금을 산정해서 추징금으로 징수하는 것이 맞다.

입시비리를 저지른 대학이 징계 대상이지 새로 입학할 학생들이 징계 대상이 아니기 때문이다.

이렇듯 정책이든 법이든 만드는 단계에서 그 취지와 적용 대상에 대한 깊은 고민이 없다면 그 피해는 결국 선량한 국민이 보게 될 수도 있다는 것을 유념해줬으면 좋겠다.

존중은 제도 아닌 도리(道理)

누군가는 그런 말도 했다. 수시 제도 도입과 학종의 확대로 좋아진 점도 있다고.

"내신 비중 그리고 학생부 기록이 중요시 되었잖습니까."
"그럼 아이들이 교사에게 함부로 대하지 못하니 좋은 점도 있는 게 아닐까요?"

언뜻 그럴듯한 주장 같다. 그러나 말 그대로 교권이 무너져 간다는 걱정에다 대고 '잘 된 일'이라고 주장하는 것과 같다.

교사들도 학종 도입 후 분위기가 달라진 건 사실이라고들 한다. 하지만 내가 거울을 보지 않는 한, 나를 볼 수 없듯, 과정 중심 평가가 되면 교사들은 제 모습을 온전히 볼 수가 없다.

'아이들은 또 다른 입시제도의 노예가 되는 것뿐이다.'
'어른들의 장난에 아이들만 속고 있다.'

여러 이유로 수시를 포기한 학생. 정시 문이 좁아 그마저 포기한 학생 그들을 어떻게 할 것인가.

점점 수험생들을 좌절하게 만드는 불편한 입시 환경.

이런 상황에 학종 덕에 교권이 강화된 거라고 주장하는 건, 큰 모순이 아닐 수 없다.

분명히 말하고 싶다.

'그건 교권이 강화된 게 절대 아니다'
'교권은 존중으로 세워져야 의미가 있다.'

불합리한 입시제도로 인해 눈치 보기가 늘어난 걸 '존중'으로 포장하면 안 된다.

선생님을 향한 존중이라면 맞다고 하겠지만, 점수를 잘 받아 좋은 대학에 가려는 목적임이 빤하니, 결코 맞다고 할 일이 아니다. 교권이든 학생의 인권이든 서로 존중에서 비롯되어야 한다.

감히 자신 있게 말하건데,

"존중은 제도로 되는 게 아니다."
"존중은 도리로 되는 것이다."

우리는 입시라는 무서운 경쟁의 무대에 아이들을 세웠다.
거기엔 존중도 없고 도리는 더더욱 없었다.

2018년 교육부에서 주관한 2022대입개편안 포럼에서 한 선생님이 하신 말이 기억에 남는다.

"수시 원서 쓰고 나면 인간성이 드러나는 아이들이 종종 있습니다. 더 이상 선생님에게 잘 보일 필요가 없다고 생각하기 때문이죠."

분명 가정교육의 문제이고 인성의 문제이다. 그러나 수시에서 교사의 영향력이 그만큼 중요한 부분이라는 것을 역으로 보여주는 이야기라 그저 서글플 뿐이다.

교육이 바로 서야 나라가 바로 선다

학교 현장에서 교사의 편향성 문제가 지속적으로 문제가 되고 있다.

2021년 서울 강남의 휘문고 교사의 천안함 함장에게 한 막말 파문은 온 국민을 분노하게 했었다.

입에 담을 수 없는 욕설을 SNS에 올리면서 파장은 일파만파 커졌다.

학교 교사가 그것도 수많은 사람이 볼 수 있는 커뮤니티에 그런 막말을 한다는 것 자체도 용납할 수 없는 일이지만 더 무서운 것은 학생들을 가르치는 교사의 사고방식인 것이다.

원한 관계에 있다고 하더라도 오픈된 소통의 공간에 그런 막말을 하기 쉽지 않은데, 도대체 무슨 악감정이 있다고 그런 욕설을 올릴 수 있는지. 그건 어디까지나 천안함 사건에 대해 '북한이 한 소행'이라는 사실에 대해 의문을 제기하거나 북한이 한 일이 아니라고 말하는 사람들의 끊임없는 '천안함 폭침 폄하'와 '왜곡'으로 인한 우리 사회의 단면인 것이다.

이뿐만이 아니다. 수업을 빙자해 교사 개인의 정치적 성향을 그대로 드러내는 도를 넘는 말은 우려를 넘어 편향성 교육의 문제라는 사회적인 문제가 되었다.

교사가 이승만대통령과 박정희대통령의 공은 제대로 설명하지 않고 과오만 비판적으로 말하면 앞으로 대한민국을 이끌어 나가야할 우리 청소년들은 두 전직 대통령에 대해 부정적 인식만 갖게 될 경향이 높다. 물론 부모의 영향과 본인 스스로의 노력으로 객관적인 판단을 하는 성인으로 성장할 수도 있지만 학창시절 교사의 말 한 마디는 역사에 대해 왜곡된 시각을 갖게 되는데 지대한 영향을 줄 수 있다.

교사의 정치적 중립 의무 조항은 국가공무원법, 지방공무원법, 정치자금법, 공직선거법에 모두 거론되고 있다. 정책적인 문제를 제기는 할 수 있으나 비판은 학생들의 몫으로 남겨두어야 한다. 특정 정당이나 정권에 대한 교사 개인의 반감을 다 맞는 양 학생들에게 전달하는 것은 교육의 본질에도 어긋나는 것이다.

2019년 부산의 모 고교 교사가 수업 중 조국 전 법무부 장관을 비판하는 SNS 글을 인용하여 시험문제를 출제해 논란이 되었던 문제[16],

---

[16] 수업 중 윤석열 '선제타격론' 비판한 고교 교사 감봉 징계 [연합뉴스] - https://naver.me/G7y77QEp

2022년 광주의 모 교사는 동료 교사의 사정으로 대체 수업에 들어가 자율학습 감독을 하던 중 "(윤석열 당선인이) 검찰 출신이니 검찰을 동원해 보기 싫은 놈들을 XX버리면 군사독재 못지않게 된다", "최저 시급을 폐지할 텐데 대학 생활을 해야 하는 너희는 큰일 났다", "우리나라가 동서로 갈린 건 참 안 좋은 현상이긴 한데 역사 공부를 하면, 알면 못 찍는다"고 말해서[17] 광주시교육청은 학교장에게 주의·경고 조치를 하도록 권고했다.[18] 또한 경기도 안산의 모 고교 교사는 한국전쟁을 다룬 소설을 소재로 수업을 하다가 윤석열 대통령을 언급하며 "대통령 되기 전에는 선제타격 얘기했지만 (중략) 그냥 본인은 선제퇴근하시고", "대한민국 보수의 품격, 늘 전쟁 안보 팔이 하지만 막상 전쟁이 일어나면 내빼기 있죠"라고 말해 결국 감봉 처분을 받았다.[19] 그 외에도 교사가 정치적 중립을 어기고 감정이 실린 격한 발언들로 논란이 된 사례는 지속적으로 기사화되어 왔다. 이렇게 사회적인 문제로 대두되다보니 일부 교사들은 공무원의 정당 설립과 가입을 금지한 정당법 제22조가 인간의 존엄과 가치 등

---

[17] "검찰 동원해 조져버리면"…'윤석열 비판' 교사 처벌받나 [뉴스1] - https://naver.me/GPXNkx2f
[18] 광주시교육청 '수업 중 윤석열 비판' 교사에 주의·경고 [광주MBC] - https://naver.me/GTersfj3
[19] 수업 중 윤석열 '선제타격론' 비판한 고교 교사 감봉 징계 [연합뉴스] - https://naver.me/G7y77QEp

행복추구권과 평등권, 직업선택의 자유, 공무담임권을 침해해 위헌이라며 2018년 헌법소원심판을 청구했었다.[20] 2014년 합헌 결정에 이어 2020년 4월 23일 헌법재판소는 정당법 제22조 '초·중등학교 교사는 정당 결성에 관여하거나 가입할 수 없다'는 조항에 대해서는 "공무원이 임무를 충실히 수행할 수 있도록 정치적 중립성을 보장하고, 초·중등 교사가 당파적 이해관계의 영향을 받지 않도록 교육 중립성을 확보하기 위한 조항"이라며 합헌이라고 봤다. 또한 국가공무원법 제65조 '기타 정치단체 활동'을 금지한 조항에 대해서는 "조항이 명시한 '그 밖의 정치단체'는 개념이 불명확해 위축 효과가 나타날 수 있고, 자의적 판단이 이뤄질 위험이 있다"며 위헌이라고 판단했고, 공무원의 집단행위를 금지한 공무원법 66조에 대해서는 "정치적 의사표현을 하면 중립성이 훼손될 수 있다"고 합헌 결정을 내렸다.[21]

헌법재판소의 이런 판결이 있지만 사실상 교육현장에서 교사의 정치적 중립은 오로지 교사의 양식과 의지에 달려 있다. 교사가 수업시간에 한 발언이 징계와 고소·고발로 이어지는 것도 안타까운 일이지만 이러한 문제가 일어나지 않도록 교사 스스로 교육의 본질을 망각하지 않고, 학생들에게 올바른 가치관을 갖도록 하는데 교사의 역

---

20 교사의 정치활동, 이번엔 허용될까…헌재 오늘 선고 [노컷뉴스] – https://naver.me/xznt7hHb
21 헌재 "교사 정당활동 금지는 합헌" [매일경제] – https://naver.me/G9tQVmr7

할이 매우 귀하다는 인식을 되새기는 것이 중요하다고 생각한다.

우리가 누리는 자유는 천안함 용사들의 목숨값이다. 휘문고 정모교사를 즉각 파면하고, 천안함 망언방지법을 제정하라!

2010년 3월 26일 대한민국 해군 초계함인 천안함은 조선 인민군 해군 잠수함의 어뢰에 의해서 격침되었다. 이 사건으로 대한민국 해군 장병 40명이 사망했고, 6명이 실종되었다. 대한민국의 국민이라면 이 사건에 대해 북한의 소행이 아니라고 말하는 사람은 단 한 명도 없을 것이다. 이것이 상식이고 나라를 위해 목숨을 바쳤던 장병들에 대한 예의인 것이다. 또한 살아 있어도 산 것이 아닌채 지난 11년을 고통속에 견뎌온 생존자에 대한 예의이기도 하다.

그런데 천안함 폭침이 일어난 지 11년이나 지난 지금 대한민국은 현 정권의 집권여당인 더불어민주당 전 부대변인의 막말에 이어 학생들을 가르치는 대한민국 교사가 입에 담기조차 부끄러운 욕설을 해서 온 나라가 큰 충격에 빠져있다. 어찌 국가를 위해 희생한 군인들에게 이런 모욕적인 망언을 할 수 있단 말인가. 공당의 부대변인이었던 자의 가벼움에 대해서도 분노가 가시지 않았는데, 이 나라를 이끌어갈 학생들을 가르치는 교사가 그런 가치관으로 공개적인 SNS에서 버젓이 천안함 함장에게 욕설을 한 행위는 도저히 용서할 수 없는 일이다.

천안함 폭침 이후 지난 11년 동안 천안함 희생자의 유가족과 생존자는 그 누구보다 고통스러운 시간을 보냈다. 국가를 위해 목숨을 바쳐 싸웠어도 살아남았다는 이유로 생존자는 스스로 자신이 얼마나 고통스러운지 증명해야 했고, 치료비마저도 고스란히 부담해야 했다. 세상을 향해 아무리 외쳐도 나라는 절차의 원칙만 고수했을 뿐 그들 편이 아니었다. 그것만으로도 충분히 서러운 세상인데, 이제 그들을 향해 나라가 또다시 재조사를 하겠다고 해서 가슴에 대못을 박더니 집권 여당의 전 부대변인과 학생들을 가르치는 교사가 또다시 막말을 해서 상처를 주고 있다. 이 모든 시작은 정부가 천안함 피격 사건을 재조사 하겠다고 했기 때문이다. 대통령 직속 군사망사고 진상규명위원회가 단독으로 천안함 재조사 얘길 꺼냈을 리가 없다. 천안함 함장이 청와대 앞에서 "대통령 입장 밝히라"고 외치자 사회적으로도 파장이 커질 것을 우려한 청와대가 위원장을 사퇴시키고, 군사망사고 진상규명위원회가 부랴부랴 재조사 결정을 각하 처리했지만 이에 대한 책임은 온전히 이 나라의 대통령에게 있는 것이다. 따라서 청와대와 집권여당은 이제라도 천안함 피격 사건에 대해 명확히 입장을 밝혀야 한다. 그리고 더 이상 천안함 희생자와 생존자들이 이런 모욕을 당하지 않도록 법적 보호 장치도 마련해야 한다.

천안함 피격 사건에 대한 연이은 망언때문에 같은 국민이라는 것이 부끄럽고 수치스럽지만 천안함 용사들께 감사의 마음을 담아 우리는 다음과 같이 요구한다.

하나, 우리 학부모는 천안함 희생자를 모욕하고 최원일 함장에게 막말을 한 교사가 아이들을 가르치는 것을 도저히 용납할 수 없다. 휘둔고는 정모교사를 즉각 파면하라.
하나, 대한민국의 교사이길 포기하고 김정은의 대변인이 된 정모교사를 즉각 파면하라.
하나, 국회는 5·18 왜곡 처벌법을 만든 것처럼 천안함 왜곡 처벌법도 즉각 제정하라.
하나, 대통령과 더불어민주당의 눈에는 세월호 희생자만 보이는가. 문재인대통령과 더불어민주당은 천안함 폭침이 북한의 소행이라 인정한다면 지금이라도 당장 북한에게 사과를 요구하고, 북한 책임자에 대한 처벌을 즉각 요구하라.
하나, 나라를 위해 목숨을 바쳤는데 패잔병 취급하는 나라가 정상인가. 천안함 폭침 후유증으로 인해 살아있어도 살아 있는 게 아닌 생존자들을 더 이상 고통스럽게 하지 말고, 즉각 국가 유공자로 인정하고 보상하라.
하나, 나라를 위해 목숨을 바쳤는데 죄인 취급하는 나라가 정상인가. 최원일 함장에게 부하들을 수장시켰다고 말한 더불어민주당 전 부대변인

조모변호사와 입에 담을 수 없는 망언을 한 정모교사를 모욕죄로 즉각 처벌하라.

〈2021. 6. 14. 천안함 막말 교사 비판 기자회견〉[22]

2021.06.14. 휘문고 앞
교육바로세우기운동본부의 〈천안함 막말 교사 비판 기자회견〉장에서 발언하고 있는 함은혁 전우

---

[22] "천안함 막말 교사 파면해 달라"…청와대 청원도 등장 [KBS] – https://naver.me/xtWieLh1
천안함 전 함장, 막말 파문 교사 고소…"사과와 처벌은 별개" [MBN] – http://naver.me/FQap0F5f
"천안함이 벼슬이냐" 막말 교사 "자격증 박탈하라" 국민청원 [SBS] – https://naver.me/xTeiBbsX

대한민국은 역사 전쟁중이다[23]

대한민국은 대한민국을 지키려는 자들과 대한민국을 부정하는 세력 간의 역사 전쟁 중이라고 해도 과언이 아니다. 조지오웰은 「1984」에서 과거를 지배하는 자가 미래를 지배하고, 현재를 지배하는 자가 과거를 지배한다고 했다. 그렇다면 현재를 지배하는 자가 과거도 미래도 지배할 수 있다는 말인가.

모 논설위원은 교과서를 지배하는 자가 미래를 지배한다고 했다.

그래서 그런지 정권이 바뀔 때마다 역사교과서는 몸살을 앓아왔다. 과거와 미래를 지배하기 위해 현재의 교과서 장악이 중요하기 때문일까.

대한민국의 미래는 우리 학생들이 이끌어 가야 한다. 그런 그들이 어떠한 역사 의식을 갖게 되느냐 하는 문제는 그런 의미에서 매우 중요하다.

어떠한 역사 교육을 받느냐에 따라 대한민국에 대한 자부심과 애국심이 바탕인 건강한 사회인으로 성장할 수도 있고, 또 어떠한 역사 교육을 받느냐에 따라 헬조선을 외치며 사회에 적대적인 불만 가득

---

[23] 도서 '두 개의 길 중에서 필자의 집필 부분 삽입

한 사람으로 성장할 수도 있기 때문이다.

  2023년 6월 28일 윤석열 대통령은 자유민주주의와 안보 수호를 위해 헌신해 온 모 단체의 69주년 창립기념행사에서 "올바른 역사관과 책임 있는 국가관, 명확한 안보관을 가져야 한다."고 말했다.[24] 너무 당연한 말 같지만 현재 대한민국 상황을 고려하면 꼭 필요하고 아주 중요한 말이다. 지난 문재인 정권 5년 동안 이념 대립은 더 극심해졌고, 보수, 진보가 아닌 우파, 좌파의 대립 향상이 수면 위로 드러났다. 그동안 상대의 다름을 '그렇게 생각할 수도 있지'라고 이해하며 어우러져 살아왔던 사람들 간의 사이가 이젠 관계를 끊을 만큼 극심한 갈등과 대립으로 치닫게 된 것이다. 이는 지난해 20대 대선을 겪고, 범죄 의혹투성이 이재명후보가 국회에 입성하고, 당대표까지 되는 상황이 벌어지자 더 심각해졌다.

  문재인 정부에 이어 현 야당의 중심인물들을 보면 철저히 자기들만의 세계와 자기들만의 논리로 세상을 혼탁하게 만들고 있다. 그런데도 문제의 본질을 보지 못하고 그들이 옳다고 여전히 지지하는 사람들이 있다. 그것이 교육의 힘이다. 문재인 정부 5년과 정권교체 후

---

[24] 尹대통령 "올바른 역사관·책임 있는 국가관·명확한 안보관 가져야" [조선비즈] – https://naver.me/53BnMFuz

1년 반이란 시간은 그들이 왜 그렇게 역사 왜곡에 목숨을 걸어왔는지, 그리고 그동안 건국대통령, 부국대통령을 왜 악마화 해왔는지 이해가 되는 시간이었다.

문재인 정부 5년을 겪지 않았다면 아마도 많은 사람이 깨닫지 못했을 것이다. 그동안 그럴듯한 말과 따뜻하고 달콤한 말로 많은 사람들의 생각을 지배해 왔던 그들이었다. 그런 그들의 위선과 파렴치함 그리고 무능력이 드러나지 않았다면 더 많은 국민이 그들의 위선에 또 눈과 귀가 멀었을지도 모른다.

5천년의 긴 역사 중에서 대한민국 근현대사는 끊임없는 논쟁으로 만신창이가 되었다. 지금이라도 논쟁이 되고 있는 그 쟁점들을 명확히 정립하지 않으면 아마도 대한민국의 역사전쟁은 계속될 것이다.

이제 이 소모적인 논쟁을 멈추고 자유 대한민국을 어떻게 지키고 발전시킬 것인지 집중해야 한다. 그 시작이 '역사교육 정상화'여야 하며, 올바른 역사 교육을 통해 갈등과 반목이 사라진 미래로 나아가야 한다. 그래야 우리의 미래 세대가 현 세대처럼 갈등하지 않고 화합된 대한민국에서 살 수 있다.

문재인정부는 왜 초등사회 교과서를 무단 수정했나

적폐청산을 내걸고 촛불 정신을 계승하겠다고 했던 문재인 정부는 2017년 출범하자마자 국정교과서를 폐기했다. 그리고 초등사회 교과서를 국정에서 검정으로 변경하고 교과서 수정 작업을 강행했다. 뿐만 아니라 2018년 3월부터 초등학교 6학년 학생들에게 배부될 교과서를 집필 책임자의 도장까지 몰래 날인하여 총 213군데나 고쳤다.

결국 해당 공무원은 직권남용권리행사방해, 사문서위조교사, 위조사문서행사교사, 사문서위조, 위조사문서행사로 교육부 관련자들이 현재 재판을 받고 있다.

이 사건은 2021년 2월 1심에서 유죄 판결을 받았지만 2022년 11월 항소심에서 무죄 판결을 받았다. 현재 검사가 재판결과를 받아들일 수 없다며 대법원에 상고한 상태이다.

사회교과서 주요 수정 내용은 다음과 같다.

수정	삭제
'대한민국 수립' → '대한민국 정부 수립'	5단원 '북한은 여전히 한반도의 평화와 안보를 위협하고 있다.'는 문장 삭제
'유신 체제' '유신 헌법에 따른 통치' → '유신 독재'	새마을운동 관련 사진 삭제
'정부가 4·19혁명 후 각계각층 요구에 적절히 대응하지 못하자 박정희를 중심으로 일부 군인이 국민 생활 안정과 공산주의 반대를 주장하며 군대를 동원해 정권을 잡았다.' → '당시 정부가 경제를 성장시키기 위하여 세운 계획을 이유로 군대를 축소하려고 하자 이에 불만을 품은 박정희를 중심으로 한 일부 군인이 정부의 무능과 사회 혼란을 구실로 군대를 동원하여 정권을 차지하였다.'	'한반도 유일의 합법 정부'라는 표현 삭제
위안부 명칭 넣고, 임신한 위안부 사진도 추가	'한강의 기적'이란 표현 삭제

    위의 수정내용과 삭제 내용을 보면 이는 문재인정부의 의도가 분명히 드러난다. 특히 기존교과서에서 초등학생 대상이라는 점을 감안하여 위안부라는 직접적인 표현을 삼갔던 것인데, 수정 교과서에 '위안부'라는 명칭을 사용했을 뿐만 아니라 임신한 위안부 사진까지 추가했다.

    그밖에도 교과서에 촛불 집회를 소개하는 내용을 넣고, 민주화 과정을 설명하는 분량을 크게 늘린 반면, 1960~1980년대 한국의 경제성장의 상징적인 표현인 '한강의 기적'은 아예 빼버렸다는 것은 교과서를 수정한 의도가 분명히 있음을 보여준다.

사건번호 2022도15868인 이 사건은 2021년 2월 25일 1심(대전지법 2019고단1915)에서 피고인 A는 징역 8월, 집행유예 2년, 사회봉사 120시간, 피고인 B는 징역 6월, 집행유예 2년, 사회봉사 120시간의 선고를 각각 받게 된다. 그러나 2022년 11월 16일 항소심(대전지법 2021노905)에서는 '원심판결에는 사실을 오인하고 법리를 오해하여 판결에 영향을 미친 위법이 있고, 이를 지적하는 피고인들의 항소는 이유가 있다'며 무죄를 선고하게 된다.

특히 1심 판결문에 기록되어 있는 내용 중에서 다음의 ①, ②, ③에 대해 특히 주목할 필요가 있는데,

<u>① 2016. 3. '2009 교육과정'에 따라 초등사회 C 제1학기 교과서 신간본을 발행한 이후, 2016년 하반기에 위 절차에 따라 수정·보완하였고, 위와 같이 수정된 2017학년도 초등사회 C 제1학기 교과서 기간본이 2017. 3.경부터 일선 초등학교에 보급되어 사용되고 있었다는 사실</u>

<u>② 행정부 시기인 2017. 3.경 2017학년도 초등사회 C 제1학기 교과용도서가 수정·보급되었을 당시 일부 언론으로부터「S단체의 건국절 사관을 반영해 '대한민국 정부 수립'을 '대한민국 수립'으로 바꾸고, 일본군 위안부 문제에 대해 "젊은 여성들은 일본군에게 많은 고</u>

통을 당했다"고 두루뭉술하게 서술하였으며, 유신체제의 불법성을 충분히 서술하지 않았다」는 비판이 제기되자, 위 비판을 반박하는 내용의 '해명 자료'를 작성하여 언론에 배포한 적이 있었던 피고인 A가 2017. 9. 초순경 피고인 B에게 지시하여 국민신문고 등에 '대한민국 정부 수립'으로 수정해야 한다는 취지의 민원이 접수된 바 있는지 찾아보게 한 행위, 피고인 B으로부터 그러한 민원을 찾을 수 없다고 보고받자, 피고인 B에게 '관련 민원이 있으면 수정하는데 수월하다'고 말한 부분

③ 피고인 B은 2017. 9. 5.경 평소 알고 지내던 교사 T에게 2017학년도 초등사회 C 제1학기 교과서에 기재된 '대한민국 수립'을 '대한민국 정부 수립'으로 바꿔 달라는 내용의 민원을 국민신문고에 접수해 달라고 요구하여 T으로 하여금 같은 달 6.경 국민신문고에 위와 같은 내용의 민원을 접수하게 한 다음 이를 피고인 A에 보고한 이 행위에 대해 주목해야 한다.

위의 ①은 교육부가 기존의 절차대로 교과서 수정 작업을 마치고 이미 2017년 3월에 일선 학교에 보급했다는 내용으로 교육부가 교과서 수정을 더 추진할 이유가 없었다는 것을 증명해주는 내용이다. 그러나 ②의 상황을 보면 피고인 A가 피고인 B에게 교과서를 수정할 명분을 찾게 하고, 피고인 B는 그 명분을 만들기 위해 지인인 교

사에게 국민신문고에 민원을 접수하도록 요구한다.

1심 판결문 내용에 의하면 이후에도 피고인 A와 피고인 B는[25] 2017. 9. 중순경부터 같은 해 12. 중순경까지 교과서를 수정·보완할 명분과 수정·보완할 설계도 마쳤다. 이 과정을 보면 피고인 A가 직접 자문위원, 내용전문가를 모두 위촉하여 수정 방향 등에 관한 의견을 제시하고 수정할 방향과 내용을 정하게 했다. 심지어 심의위원까지 본인이 위촉하여 수정된 내용을 심의하게 했다. 이 과정을 보면 피고인 A는 교과서를 수정·보완하기 위한명분 만들기와 설계에 직접적이고 주도적이었음이 여실히 드러나 있다.

피고인 A의 행위를 보면 단독으로 저질렀다고 볼 수 없을 정도로 과감하고 치밀하다. 이는 조력자의 도움이나 윗선의 지시 없이는 공

---

[25] 〈1심 판결문 일부〉 피고인들은 2017. 9. 중순경부터 같은 해 12. 중순경까지 사이에, 이 사건 교과서 수정·보완과 관련하여 향후 수정 방향 등에 관한 의견을 제시할 사람으로 'R위원회' 위원이면서 V단체 회원인 W고 교사 X 등 5명을 '자문위원'이라는 이름으로, 전문적으로 수정할 방향과 내용을 정할 사람으로 'Y단체' 소속으로 국정 역사교과서 즉각 폐기 성명에 참여한 바 있고 'R위원회' 위원인 Z대학교 교수 AA 등 6명을 '내용전문가'라는 이름으로 각각 위촉하여 이들과 대면 또는 서면회의 등을 통해 수정할 내용을 정하고, '2015 교육과정' 개정에 맞춰 새로 개발 중인 초등사회 C 제1학기 교과서의 심의를 담당하는 '교과용도서심의회' 위원들 중에서 피고인 A이 추천한 AB대학교 교수 AC 등 9명을 '심의위원'이라는 이름으로 위촉하여 위와 같이 수정된 내용을 심의하게 하고, 위 과정에서 E로 하여금 피고인 A이 주재하고 '자문위원'과 '내용전문가'들이 참석한 수정 관련 서면 또는 대면회의에 참석하여 이들이 정한 수정 사항을 전달받아 교과서에 반영할 수 있는 형태로 가다듬어 F에게 보내 '수정·보완대조표' 초안을 작성하게 하고 F으로 하여금 작성한 '수정·보완대조표' 초안을 다시 검토를 위해 피고인 A, B, '자문위원' 등에게 보내도록 하였다.

무원 단독으로 저지를 이유가 없는 일이다. 2017년 9월은 정권이 교체된 직후라서 의심 받기에 충분한 시기이다.

지금은 피고인 A와 B가 죄가 없다고 할 상황이 아니라 이들이 왜 그런 일을 시도했는지, 누구의 지시가 있었는지 더 자세히 수사해서 진실을 밝혀야 한다. 그래야만 다시는 이런 기막힌 일이 일어나지 않을 것이다.

더욱이 편찬위원장 도장을 임의로 찍어 교과서 213곳을 수정한 일이다. 교육공무원으로서 절대 해서는 안 될 일을 저지른 것이다. 다른 행정기관도 아닌 교육부에서 이러한 중대 범죄가 일어났는데 이것을 무죄라고 한다면 앞으로 이와 유사한 일이 벌어져도 죄를 물을 수 없게 된다.

대한민국은 역사 왜곡이라는 문제로 사회적 갈등이 매우 심각한 상황이다. 그렇기 때문에 학교에서 학생들을 가르치는 교과서는 실증적 증거에 입각해서 객관적이고 편향적이지 않아야 한다. 그런데 편찬위원장이 수정 요청에 응하지 않았다는 이유로 편찬위원장을 의도적으로 배제하고, 수정할 이유까지 조작해서 도장을 훔쳐 교과서를 213곳이나 수정한 행위, 이러한 행위는 명백히 범죄다.

이 사건은 결과적으로 우리 사회에서 반복적으로 이루어지는 역사 왜곡과 관련된 갈등을 더 부추기는 꼴이 됐다. 이를 지켜봤던 어떤 국민도 납득할 수 없는 기가 막힌 사건이기 때문에 대법원은 제대로 재판을 다시 할 수 있도록 반드시 파기 환송해야 한다.

만약 이런 예민한 사건이 최종 무죄로 판결이 난다면 앞으로 교육부의 공무원이든 누구든 편찬위원장의 동의 없이 교과서를 마구 수정해도 된다는 아주 나쁜 선례를 남기게 되는 것이다.

교육부는 2019년 해당 공무원이 검찰에 기소되었을 때 국가공무원법에 따라 징계를 했어야 했음에도 불구하고 중앙징계위원회는 행정 징계도 미루며 이런 중대한 사건을 저지른 공무원을 감싸기에 급급했다. 이런 태도는 해당 공무원이 단독으로 저지른 짓이 아니라 누군가의 지시를 받았거나 공모했을 수도 있다는 합리적 의심을 받기에 충분하다. 오히려 이번 사건에 대해 반드시 엄벌을 내리고 해당 공무원의 범죄가 단독 범죄인지 아닌지 더 밝혀내는 것이 재판부가 해야 할 일이다.

교과서는 우리 학생들이 대한민국의 자랑스러운 국민으로 성장할 수 있도록 이끌어주는 중요한 지침이기도 하다. 이런 교과서를 정권의 입맛에 맞게 함부로 수정하는 행위는 사법적 심판은 물론이고 국민의 심판을 받아야 마땅하다.

현재 우리는 교과서 무단 수정 사건에 대해 엄벌을 촉구하는 만여 명의 서명을 받아 현재 대법원에 접수한 상태이다.

2023.05.02.
대법원 앞에서 교과서 무단수정 관련 재판에 대해 엄벌을 촉구해줄 것을 시민단체가 요청함

민주시민교육 무엇이 문제인가

학교현장이 예전과 많이 달라진 이유가 무엇일까 왜 갈수록 선생님은 아이들 가르치기가 더 힘들어졌다고 말할까. 시험 없는 학교 만들어 학습부담 줄이고, 창의적교육, 다양성 교육 하겠다고 했던 혁신학교 10년, 학생의 인권을 존중하겠다고 학생인권조례까지 만든 지 10여년, 또 건강한 시민의식을 갖도록 하겠다고 좌파교육감식 '더불어 사는 민주시민' 교육을 시작한지도 10년이 다 되어 가는데 왜 학교현장은 더 엉망이 되었을까.

지인이 2016년 3월 초등학생 자녀의 가방에 든 '더불어 사는 민주시민'이라는 책을 보고 놀라서 사진을 찍어 보냈다. '더불어민주당이 연상이 된다.'면서.

그 뒤로 세미나든 토론회, 주변 사람들에게 이 교재의 위험성을 말해왔지만 평범한 시민의 힘으로는 알리는데 한계가 있었다. 그로부터 몇 년이 지나 정치권에서도 민주시민교육에 대한 우려의 목소리가 나오기 시작했다.

2013년 경기도교육청은 민주시민교육과를 설치하고 학교민주시민교육 기본계획을 세워 추진해왔다. '더불어 사는 민주시민' 이 책은 교육감이 자체적으로 만들 수 있는 인정교과서의 하나로 경기도교육청이 제작하여 현재 전국 13개 시도교육청에서 사용하고 있다. 더불어민주당 당명과의 연관성은 부인하고 있지만 교재가 출판된 이후 2015년 12월 '더불어민주당' 당명이 개정된 것으로 봐서 우연의 일치라고 보기엔 이상하리만큼 이름이 흡사하다. 만약 우연의 일치라면 당명개정은 성공한 셈이다. 현재 선거권 연령까지 낮춰진 상황에서 초등학교부터 고등학교까지 '더불어'라는 말이 익숙한 학생들에게 어떤 당이 더 친근하게 느껴질지 직접 물어보지 않아도 짐작이 가지 않나.

중앙일보 윤석만 논설위원은 민주시민교육이 인성교육을 지우려 했던 흔적도 보인다고 지적했다.[26] 맞는 얘기다. 2015년 인성교육진

---

[26] [윤석만 논설위원이 간다] ·3개 시·도서 쓰는 교과서 이름이 '더불어 사는 민주시민' [중앙일보] 2022.05.24.

홍법 제정 당시 교육부·교육청에 있던 인성교육과가 대구시교육청에만 남고 사라졌기 때문이다. 인성교육과가 사라진 자리엔 민주시민교육과가 생겨 학생들은 소수자 권리, 보편적 복지, 탈원전과 재생에너지, 노조와 파업 등의 주제로 교육을 받게 되었다.

학교 현장의 모 중학교 교사는 '더불어 사는 민주 시민'교재에 대해 ① 정치편향적이다. ② 포괄적 성교육을 지향한다. ③ 편향적인 권리의식 교육을 강조한다. ④ 포괄적 차별금지법을 찬성한다. 등의 문제점을 지적하였다.[27] 즉 우리 사회에서 현재 찬반 논란으로 갈등을 겪고 있는 주요 쟁점들이 모두 학생들을 가르치는 교육에 포함되어 있다는 얘기다. 아직 사회적 합의에 이르지 못한 내용을 우리 학생들에게 가르치겠다는 것은 독을 먹이는 것이나 마찬가지다.

문재인 정부는 민주시민교육을 국정과제로 삼고 이와 관련된 종합계획을 수립했는데, 2018년에는 교육부에 '민주시민교육과'까지 신설해 민주시민교육을 지원하고 확대시켰다. 2020년에는 당시 여당의원이 민주시민교육지원법까지 발의해서 법적인 지원까지 하겠다고 나선 것이다. 도대체 민주시민교육이 뭐 길래 저들은 똘똘 뭉쳐 밀어주고 당겨주지 못해 안달이 난 것일까.

---

[27] 민주시민교육, 무엇이 문제인가? – 시·도현황 및 학교현장 사례를 중심으로– [한국교육정책연구소] 2022.11.21

민주시민교육에 대해 문제라고 보는 또 한 가지는 민주시민교육 강사 자격 요건이다. '민주화운동기념사업회'에서 강사양성과정을 진행하는데 총3회 차로 강의 및 시연 80시간, 과제수행 20시간을 포함해 총 100시간을 이수해야 한다. 이미 지자체에서 민주시민교육 사업 지원 운영기관(단체) 공모를 통해 예산을 지원해오고 있기 때문에 각 지역별로 민주시민교육과 관련된 사업이 이미 활성화가 되어 있는 상태이다.

울산의 경우 학교민주시민교육 활성화 조례 폐지 조례안이 시의회 상임위원회 심사를 통과하고 결국 진통 끝에 폐지가 되었다. 조례안 폐지를 주장하는 측은 이미 민주시민교육은 학교 교과과정에서 이루어지고 있기 때문에 따로 이 교육을 시킬 필요가 없다는 것이다. 매우 환영할 일이다. 좌파들의 생태계가 되고 있는 민주시민교육이 학교, 지역에서 계속 진행되는 것을 방치한다면 대한민국은 더 극심한 이념적 갈등 시대로 내몰릴 것이다.

민주시민교육은 교사들 사이에서도 교육 내용의 편향성 시비가 지속적으로 제기될 뿐만 아니라 강사의 편향성 문제도 제기되고 있는데, 이러한 문제 또한 바로 잡지 않으면 공교육 정상화의 길은 점점 멀어지게 될 것이다

학생인권조례가 교권을 무너트렸다?

교권이 무너졌다는 표현이 우리 사회에서 입에 오르내린 지는 벌써 꽤 됐다. 언론에서 '교사가 학생에게 폭언을 당했다.' '폭행당했다'라는 충격적인 사건이 반복적으로 나고 있는데 교권 회복을 위한 어떠한 대책이 마련되었는가?. 매우 안타까운 일이다.

최근 서울시의회에서 폐지 논쟁이 벌어지고 있는 학생인권조례는 학생의 인권을 보호하기는커녕 교권이 무너지는 데 상당한 역할을 했다는 주장이다.

학생인권조례는 2010년 경기도에서 처음 제정되었다. 그 이후 서울, 광주, 전북, 충남, 제주 등 6개 지역에서 제정·시행되고 있고, 인천은 '학교구성원 인권증진 조례'라는 이름으로 시행되고 있다.

학생인권조례 폐지를 반대하는 측은 '학생 인권을 보장해 학생들이 자유롭고 행복한 삶을 이루게 하자는 조례로 학생들의 학교생활과 일상에 직접적인 영향을 미쳐 두발과 복장 규제, 체벌, 일괄적 소지품 검사 금지, 성별과 종교, 성적지향을 이유로 학생을 차별할 수 없도록 해 학생 인권 신장에 기여했다'고 주장하고 있다.

언뜻 보면 맞는 말이다. 그러나 두발과 복장 규제, 체벌 등은 인권 조례로 지켜져야 할 것이 아니라 학생들의 자주적인 토론을 통해 학교 측에 건의하고 학교가 이해하고 받아줘야 하는 상호 이해의 문제이지 법으로 다룰 문제가 아니다. 특히 일괄적 소지품 검사는 개인의 사생활 보호 측면에서 강제할 수는 없으나 교사가 생활지도로 마약과 같은 범죄를 사전에 방비할 수 있는 길도 원천 봉쇄했다는 하소연이 존재하는 것이 사실이다.

이러한 찬반 논란이 이어지는 가운데 학생인권조례 폐지를 주장하면 학생의 인권을 부정하는 혐오 세력으로만 보고 이들을 교육청 논의 테이블에조차 앉히지 않는 현실도 문제이다. 진작 찬반 논의가 활발히 이뤄졌다면 교권 회복에 조금이라도 도움이 되지 않았을까 하는 아쉬움을 가져본다.

아동복지법, 아동학대처벌법, 아동·청소년의 성 보호에 관한 법률, 청소년 기본법, 청소년 보호법, 청소년 복지 지원법, 소년법 심지어 초등교육법 시행령까지 학생의 인권을 보호할 수 있는 근거는 이미 얼마든지 있다. 그런데 이런 상위법이 있는 상황에서 학생인권조례가 굳이 더 필요한지는 심각하게 고민해봐야 한다. 교사 인권조례, 학부모 인권조례까지 만들겠다고 하기 전에 말이다.

물론 교권이 무너진 데에는 여러 원인이 있긴 하다. 이번 사건에서 언급되고 있듯이 학부모의 악성 민원도 학교와 교사들에게 큰 부담인 것은 맞다. 사랑으로 열심히 가르치는 데만 집중해도 모자라는 시간에 각종 민원과 잡무로 고통을 호소하는 교사들이 늘어가고 있는 것도 현실이다. 이 모든 것이 우리 사회가 깊이 반성하고 근본적인 문제 해결을 위해 힘을 모아야 하는 이유이다.

지난 7월 서울의 서초구의 한 초등학교에서 젊은 새내기 교사가 목숨을 끊으면서 우리 사회는 그동안 지속적으로 문제가 제기되고 있던 교권 문제가 수면 위로 드러났다. 많은 사람이 이 사건에 대해 가슴 아파하고, 학교현장에서 교권이 실추되었다는 부분에 공감했다.

그러나 지금 교권을 회복시켜야 하는 방향이 이상하게 흘러가고 있다. 교권이 회복되어야 하는 것은 맞지만 문제가 되었던 학생인권조례를 그대로 둔 채 교권강화조례를 다시 만든다거나 악성 학부모의 민원을 차단하기 위해 학부모의 건전한 민원마저 원천봉쇄하는 방향으로 가서는 안된다.

학생인권조례라는 칼을 학생들에게 쥐어주고, 이젠 교권강화조례라는 칼까지 교사에게 들려준다면 학교는 그야말로 전쟁터가 되는 것이다. 뿐만 아니라 숨진 교사에 대해 추모하는 집회는 이제 중단되어야 한다. 매주 집회를 이어가는 것도 모자라 49재에 교사들이 수업을 뒤로 하고 집회를 하겠다고 하는 것은 좋은 방법이 아니다. 교사의 권위는 교단을 지킬 때 세워지는 것이지 거리에 쏟아져 나와서 외친다고 바로 서는 것이 아니다.

이미 우리 사회가 교권을 회복시켜야 한다는 부분에 많은 사람이 공감하고 있고 정치권도 나선 이 상황에서 교사가 교단을 지키지 않고 집회를 하겠다고 하는 것은 오히려 설득력을 잃을 수 있다. 교권을 회복해달라는 목소리와 함께 교사의 책무성 또한 강화하겠다고 말하는 교사가 진정한 교사 아닌가.

가진 자와 못 가진 자

많은 학 부모들이 내 자식만큼은 공부를 많이 시키고 싶어 한다.

세상을 살면서 공부 못한 것이 한(恨)이 되는 상황들을 수없이 맞닥뜨려 봤기 때문이다.

어디 그뿐이랴. 어느 대학 나왔는지는 왜 그리 중요한지. 대학서열을 없앤다느니 학벌을 철폐하겠다는 소리는 그럴듯하게 해대면서 결국

'걔 서울대 나왔다며? 어쩐지 다르더라'

'아 그 대학 나왔어? 어쩐지 이상하더라'

도대체 뭐가 어떻게 다르고 또 이상한 건지 모르겠지만 우리 사회가 여전히 사람을 출신 대학으로 평가하는 상황에서 내 자식을 좋은 대학에 보내려는 부모를 무조건 지나치다고 할 수 있을까..

죽도록 일을 해도 '사'자 들어가는 사람들이 버는 돈에 비하면 먹고 살기에도 빠듯하고, 사람대접 역시 하늘과 땅 차이라고 느낄 만큼 억울한 적이 한 두 번이 아니었던 부모 세대.

그런 그들에겐 자식의 출세가 인생 목표였다. 한때는 그 목표가 통하던 때가 있었다.

허리띠 졸라매고 종일 막노동을 하는 부모 밑에서도 학교에 열심

히 다니며 교과서만 파도 명문대에 합격하고 집안을 일으켜 세우는 일이 가능했다.

'나처럼 살지 않게 하려고.'

'자식은 고생하지 않게 하려고'

'세상이 얼마나 무섭다는 걸 알기에'

하지만 가진 자와 못 가진 자의 차이는 자녀의 양육 환경은 물론 자녀에 대한 지원 규모까지 큰 차이가 있다. 유치원, 초등학교, 중학교에 이어 고등학교에 이르면 그런 부모의 영향력이 결과로도 크게 나타난다.

학생부종합전형과 같은 수시전형이 그렇다. 학종은 가진 자와 못 가진 자의 양극화를 절정으로 치닫게 했다. 우리 아이들이, 어린 시절부터 가진 자와 못 가진 자의 간극을 체감토록 만들어진 어이없는 제도.

가지지 못한 사람들은 '포기'라는 말을 일찍 배운다.

서글프게도 아이들이 부모보다 더 빨리 배우기도 한다.

오래전, 구두를 닦는 일을 하며 서울대에 진학했던 누군가는 '공부가 제일 쉬웠다'고 말한 적이 있다.

한참 회자가 된 적도 있었다. 이 말은 많은 사람에게 큰 용기를 주었다. 노력하면 뭐든 이뤄낼 수 있다는 희망에 사람들은 큰 위안을 받았다. 다른 건 몰라도 '공부'만큼은 노력한 만큼 대가를 주었기에 가능한 말이었다. 말 그대로 공부는 기회였다. 가진 게 있든 없든 노력하면 얻고자 하는 결과를 얻을 수 있었다.

그래야 온당하다. 그래야 '희망'이 사라지지 않는다.

사법고시가 사라지고 로스쿨이 생긴 뒤로 사시에 인생을 걸었던 피폐한 고시생의 삶은 사라졌는지 모르지만 소위 경제력 좋은 집안, 법조인 집안에서 변호사가 나오는 구조가 더 확고해졌다는 국민들의 비판이 이어지고 사시부활 운동까지 벌어졌던 사회 모습을 우리는 절대 간과해서는 안 된다.

왜냐하면 4차 산업혁명이니 AI 시대느니 아무리 세상이 바뀌었다고 떠들어도 대다수의 국민은 자기 자식이 잘 되길 바라는 염원을 이뤄줄 수 있는 마지막 보루가 공정한 시험이라고 믿기 때문이다.

'사시나 학력고사와 같은 시험제도가 그때는 맞고 지금은 틀리다?'

내가 가장 이해가 안 되는 대목이다.

소위 제도를 주무르는 사람들, 현대 사회의 주류인 사람들은 과거의 본고사 세대 또는 학력고사 세대인데 그들이 지금의 대한민국을 발전시킨 주역이면서 왜 국민 대다수가 그나마 공정하다고 믿는 시험제도를 뜯어고치지 못해 안달일까.

지금의 제도가 이제 창의적인 인재를 만들어내지 못한다고 말하는 그들은 자신들을 지금의 자리에 있게 만들어준 과거의 그 시험제도가 맞지 않다는 것인가. 그리고 그들은 창의적인 인재와 거리가 멀다는 것인가.

뭐가 맞고 뭐가 틀린 지 단정 지을 수는 없다. 그러나 제도를 바꾸려거든 최소한 어떤 풍선효과가 생길지 고민하고 현장의 목소리를 들으라는 것이다.

우리 교육계는 스스로 온당했던 그 가치를 버렸다. 그리고는 이제 와서 그 가치는 틀렸다고 말하고 있다. 이제 우리 아이들은 더 빨리 박탈감에 시달린다. 자칫 아무 죄 없는 부모를 원망하는 일마저 벌어지고 있는 실정이다. 이것이 교육계가 그동안 만들어온 서글픈 현실이다.

둘

그때는 틀리고 지금도 틀리다

1 죄인과 죄인

2020년 어느 날의 기록

2020년, 당시 대학가에는 이상한 소문이 떠돌았다. 누군가는 그저 루머라 했지만, 누군가는 실제라고 주장했다. 내용은 이러했다. '86운동권 세대의 자녀들은 Y대에 특혜 입학 가능하다' Y대는 곧장 연세대로 밝혀졌고 사람들의 궁금증은 늘어났다.

당시 연세대 신입생 모집에는 기회균형 전형이 기록되어 있었다. 이게 민주화 운동, 소위 86운동권 세대들의 자녀들을 위한 특혜라는 게 소문의 골자였다.

'연세대 민주화 운동 관련 기회균형선발 전형 현황'에 대해 한국대학교육협의회가 제출한 자료를 우선 살펴보자. 때는 문재인 정부 시대, 연세대 수시모집에서 '민주화 운동 관련자' 타이틀로 합격한 신입생이 존재했고 무려 열여덟 명이나 됐다.

'민주화 운동한 사람의 자녀가 명문대 특혜 진학이라고?'

이 글은 온라인을 중심으로 빠르게 번져 나갔다. 민주화를 외치던 사람들. 그들의 민낯을 공개하고 싶다는 글이 서서히 늘어났다.

당시 연세대에 대한 질문은 이러했다.

'민주화운동 전형 혜택으로 열여덟 명을 선발하는 게 정확한 것인가?'

당시 연세대의 대답은 이러했다.

'선후가 바뀐 것 같습니다.'

또 이어진 답이 있었다.

'민주화운동 전형이라는 것 자체가 없습니다.'

'기회균형 이라고 있는데, 국가보훈대상자를 대상으로 합니다.'

그들을 대상으로 하도 1차 심사 이후 지원 자격을 블라인드로 2차 면접으로 최종 선발했단다.

그 중 민주화 운동 관련 지원자가 열여덟 명이 있었다는 설명이었다. 별도의 전형은 없다고 말했다.

연세대의 2021년 신입생 수시모집 요강을 살펴보았다.

기회균형 전형 중, 민주화운동 관련자는「민주화 운동 관련자 명예회복 및 보상 등에 관한 법률」제2조 제2항에 따라 민주화운동 관련자로 인정된 자 또는 그의 자녀(민주화운동 관련자 명예회복 및 보상심의위원회의 민주화운동 관련자 증서 제출 가능자)로 규정되어 있다.

투명성이 사라진 사회. 수험생과 가족들에게 이 사안이 어떻게 들렸을까?

'민주화운동전형 특혜' 허탈함을 넘어 맥 빠지는 소리가 곳곳에서 들려왔다.

소수점 차이로 당락이 결정되는 입시 지옥에서, 연세대 민주화운동전형이라니.

기회균등 전형을 살펴봐야겠다.

분명히 독립유공자, 국가유공자, 5·18 민주유공자, 다자녀 가정 자녀 등이 지원 가능한 사회공헌·배려라고 되어 있다.

그들은 입시와 취업 등 각종 혜택을 받고 있어, 해당자의 범위를 명확히 할 필요가 있다. 또한 5·18 민주유공자에 대한 기준뿐만 아니라, 온전한 유공자인지도 밝힐 필요가 있다.

우리 사회는 이미 기득권이 장악했다.

그들에게 정직을 바라는 건 이미 불가능해졌다.

혹 모를 누군가가 자격도 되지 않으면서 혜택을 누리고 있을 수 있는 일이다. 그런데 많은 학생들이 가고 싶어 하는 연세대에서, 이미

2012학년부터 5·18 민주유공자와 더불어 민주화운동전형을 만들었던 거다. 명확성이 떨어지는 범위에서 민주화운동 관련자와 자녀에게 혜택을 주고 있었다.

[민주화운동 관련 기회균형선발전형 현황][28]

대학명	학년도						
	2014	2015	2016	2017	2018	2019	2020
연세대학교 (서울)				2	10	4	1
				국어국문학과	국어국문학과(2)	경영학과	치의예과
				경영학과	영어영문학과	화학과	
					응용통계학과	기계공학부	
					경영학과(2)	사회학과	
					신학과		
					정치외교학과		
					행정학과		
					사회학과		
연세대학교 (미래)	0	0	1	1	2	1	0
			의예과	국어국문학과	자연과학부	간호학과	

---

28 출처 : 연세대학교, 대교협

이 전형이 기회균등전형이라는 이름에 부합하는 것일까?

애초 사회적 약자, 취약 계층에게 균등한 기회를 제공하자는 취지가 아니었던가.

수시확대 이후 대학 전형에 따라 선발기준을 바꿔 특권층에게 유리하도록 제공한 것은 아닐까. 특정인을 위한 의도적 완화로만 보였다.

민주화 세력에서 기득권 세력으로 당시 여당이던 더불어 민주당의 발의 법안을 살펴보자.

'민주유공자 예우에 관한 법률안' 내용을 확인해보니, 민주화 운동 중 죽거나 다친 자녀에게 취업 및 의료, 금융 지원 등 각종 혜택을 주자는 내용이었다.

여기서 궁금증이 생긴다.

"대체 민주화 운동 참여의 기준은 무엇일까?"

그들은 사회의 불공정을 비판했던 사람들이 아닌가. 외려 현재 이와 비슷한 상황이 생기면 여전히 같은 목소리를 내야 온당할 진데, 정권을 잡자마자 쉽게 가면을 벗어 던졌다.

"운동권이 언제 기득권이 된 건가요?"

묻지 않을 수 없었다. 편법은 기본, 없는 수단을 만들어 자식 명문대에 보내기, 그도 모자라 법안까지 발의해 기득권 굳히기를 행사 하려하다니, 더 이상 무슨 말이 필요할까. 기득권이 되는 방법.

한 의원이 이렇게 말했다.

"왕년에 민주화 운동 안 해본 사람이 어디 있나요?"

그러나 그들은 어느 순간부터 기득권이 되어 세력을 확장해왔다. 그 세력들이 우리 사회에서 보여준 모습은 정말 실망스러웠다. 드루킹과 같은 여론조작을 시작으로 부동산 투기와 횡령 등 온갖 혐의의 주인공이 되어 있었다.

학생운동을 정계 진출의 통로로 이용하고, 노무현 정신을 들먹이는 건 기본. 그렇게 공정을 외치던 그들.

"특권과 반칙이 없는 세상을 만들어 가겠습니다."
"공정하고 평등한 세상을 만들어 보이겠습니다."

그들은 이렇게 말했다. 그러나 행동은 반대였다. 특권과 반칙을 만들고 그 안에 자신들이 들어가 환호했다. 공정하지 못한 기준을 만들고 반칙과 불법을 일삼았다. 그것으로도 모자라 이젠 우리 사회에서

영원히 특권층이 되고자 법까지 만들어 정당화하려고 한다.

자식들마저 악의 소굴로 끌어들였다. 민주화 운동의 자녀라는 그럴듯한 닉네임을 추가해서.

민주화 운동의 위대함은 예우와 존중으로 충분하다. 이에 대한 보상이 대물림까지 되어 현대판 음서제를 만드는 일은 절대 있어서는 안 된다. 아버지가 대통령을 지냈다는 이유로 명문대에 합격이 무조건 가능하다면, 어느 누가 받아들일 수 있겠는가.

훌륭한 부모를 둔 것은 누구라도 자랑스러울 일이다. 하지만, 그 자랑엔 여전히 굳건한 신념이 있어야 한다. 자식을 명문대에 보내기 위한. 수단으로 '민주화 운동'이 활용된다면 이미 '민주화 운동' '민주화 운동 참여자'는 그 의미가 사라진 것이다.

그들에게 묻고 싶었다. "민주화운동으로 고인이 되신 분들이 이 상황을 듣게 되신다면……"

과연 잘했다고 칭찬하실 거라 생각하느냐고 말이다.

우리는 연세대 앞에서 외쳤다.[29]

"연세대는 민주화운동전형 합격자의 기준과 그 부모의 명단을 공개하라!

---

[29] 연세대 '민주화운동 입학' 文정부서 0명→17명 급증…"특혜" [뉴스1] – https://naver.me/xT79CMRb

"연세대는 민주화운동전형 합격자의 기준과
그 부모의 명단을 공개하라!

최근에 인터넷 커뮤니티 등에서 "연세대 기회균형 전형이 민주화 운동 인사 자녀 특혜 전형 아니냐"는 소문이 많았다. 그런데 그것이 소문만은 아니었다.

어제 이와 관련된 뉴스를 보고 많은 학부모와 학생들이 허탈감에 빠졌다. 조국 전 장관 자녀의 기상천외한 입시 과정을 지켜보면서 많은 학부모와 학생들이 분노했었다. 그런데 수많은 정황과 증거가 입시부정이라고 가리키고 있는데도 아직 재판중이라며 분노가 해소될 그 어떤 결론도 나지 않고 있는 상황에서 올해도 입시를 치러야하는 수험생과 수험생 가족들에겐 민주화운동전형 관련 뉴스는 참 맥 빠지는 소식이다. 소수점 차이로 당락이 결정되는 치열한 입시를 치르는 학생들에게 연세대 민주화운동전형은 그저 꿈같은 전형일 뿐이다.

우리 사회 정직성과 투명성이 크게 신뢰를 잃은 상태...
각종 혜택 악용의 소지 있어...

수시모집 전형 중 하나인 기회균형 전형은 독립유공자, 국가유공자,

5·18 민주유공자, 다자녀 가정 자녀 등이 지원 가능한 사회공헌·배려 전형이다. 따라서 단순히 유공자 인정으로 끝나는 것이 아니라 사회에서 입시와 취업 등 각종 혜택을 받고 있기 때문에 더더욱 이에 해당되는 사람의 범위를 명확히 해야 하기 위해서라도 5·18 민주유공자에 대한 기준과 이에 해당되는 대상자가 정말 제대로 된 유공자인지 밝힐 필요가 있다.

이미 우리 사회에서 기득권의 정직성과 투명성이 크게 신뢰를 잃은 상태이기 때문에 누군가는 이러한 혜택을 무자격으로 누리고 있을 수도 있다는 의혹은 너무도 당연한 일이다. 그런데 연세대는 2012학년부터 5·18 민주유공자 외에도 민주화운동전형을 만들어 그 범위도 명확하지 않은 민주화운동 관련자들 본인과 그 자녀에게 입시 혜택을 주고 있었다. 이것이 과연 국민들이 납득할 수 있는 기회균등전형이라고 볼 수 있는 것인가. 기회균등전형은 자격 요건을 조금 완화해서 우리 사회가 건강하게 성장하기 위해 사회적 약자나 취약 계층에게 기회를 균등하게 제공하자는 취지의 전형이다. 무자격자가 악용하거나 최소한의 기준도 없이 뽑아서는 안 된다. 연세대 민주화운동전형이 문재인 정권에 와서 본인에 대한 수능 최저 기준마저 없어진 것은 도저히 납득할 수 없는 일이다. 수시확대 이후 대학이 전형에 따라 선발기준을 달리해 특권층에게 유리한 통로를 제공한 전적이 있어왔기 때문에 누군가를 위해 의도적으로 자격기준을 완화한 것은 아닌지 의심하지 않을 수 없다.

조국 전 장관의 자녀 입시비리 의혹 문제에서 봤듯이 입시는 그 어느 선발과정보다 더 공정성과 투명성을 요구한다. 그런데 그 기준과 범위도 애매한 민주화운동 관련자들에게 주겠다는 입시 특혜가 이대로 괜찮은 것인가. 이는 우리 사회가 또 다른 특권층을 만들어내는 것이고, 어떠한 조건 속에서도 성실히 입시를 준비하고 있는 수험생들과 기회균등전형의 사각지대에 있는 사회적 약자들에겐 역차별이 될 수 있다.

점입가경인 것은 현재 여당인 더불어 민주당이 발의한 법안이다. 민주화운동을 하다가 죽거나 다친 이들의 자녀에게 취업, 의료, 금융 지원 등 각종 혜택을 주는 '민주유공자 예우에 관한 법률안'이다. 도대체 '민주화운동에 참여했던' 이란 기준이 무엇이란 말인가. 사회의 특권층을 비판하고 우리 사회의 불공정을 해소해야 한다고 외쳐왔던 민주화 세력, 그랬던 민주화 세력이 정권을 잡고, 우리 사회의 기득권이 되어 국민들에게 보여주는 모습이라곤 갖은 편법으로 자기 자식 좋은 대학 보내기, 자기 자식의 황제 휴가 특혜 인정 안 하기, 자기들 정권 유지를 위해 각계각층을 분열시켜 지지층 다지기, 온갖 법안 남발하여 자기편 챙기기와 민주화 세력인 자신들에게 보상하기에 앞장서는 이들이 과연 이러한 법안을 만들 자격이 있단 말인가.

민주화 세력! 이제 기득권이 되어 특권과 반칙이 상식을 이기는 나라를 만들다.

국민의힘 하태경 의원의 말처럼 왕년에 민주화운동 안 해본 사람은 드물다. 그러나 1980년의 민주화 세력은 이제 기득권이 되어 특권과 반칙이 상식을 이기는 나라를 만들려 하고 있다. 학생운동을 통해 정계에 진출하여 선거철이면 노무현 정신을 들먹이며, 공정을 논하던 더불어민주당의 수많은 국회의원들은 지금 여론조작, 표현의 자유 침해, 부동산 투기, 횡령 등의 혐의를 받고 있다. 특권과 반칙 없는 세상을 만들겠다던 본인들조차 40년이 지난 지금 민주화 정신은 새까맣게 잊어버린 채 온갖 부정과 비리로 얼룩져 있는데, 부모가 운동권 출신이었다는 이유만으로 그 자녀에게 민주주의의 숭고한 가치를 지니고 이를 널리 알려 민주사회 발전에 이바지할 의지와 능력이 있는지를 어떻게 증명할 수 있다는 말인가.

부모의 40년 전 행적 하나에 희비가 갈리는 평가방식으로 학생을 선발하겠다는 연세대는 수능 정시를 점수 1점, 문제 1개에 희비가 갈리는 정량적이고 기계화된 평가라며 폄하했던 과거를 어떻게 설명할 것인가. 연세대학교는 영관·장성급 장교와 간부급 공직자 자녀가 대거 몰려 약자 보호라는 전형 취지가 훼손된다는 이유로 2012학년도부터 사회적 배려 전형의 지원 자격 중에서 직업군인과 벽·오지 근무 공무원 자녀를 제외

하였다. 같은 이유로 현재 시행중인 민주화운동 관련 기회균형 선발에서도 고위공직자 자녀가 대거 몰려 약자 보호라는 전형 취지의 훼손이 우려되므로 해당 전형을 즉각 폐지하길 바란다.

또한 민주화운동전형과 우원식의원이 발의한 '민주유공자 예우에 관한 법률안'은 5·18 민주유공자나 민주화운동 관련자에게 단순히 보상으로만 끝나는 것이 아니라 입시 외에도 취업, 의료, 금융 지원 등 각종 혜택을 받게 될 수 있는 상황이어서 또 다른 특권층을 양성할 것이며, 민주화운동에 대한 보상이 대물림되어 우리 사회에서 또 다른 현대판 음서제가 될 것이다. 특히 최근 우리나라는 이념간의 대립이 더 극심해진 상태이고, 민주화운동 관련자를 어디까지 인정해야하는지 논란이 계속되는 상황에서 이러한 법안을 발의하는 것은 '내편 챙기기'에 지나지 않는다. 민주화운동으로 고인이 되신 분들도 이런 상황을 바라시지는 않을 것이다. 따라서 더불어민주당은 강장 입법 예고된 법안을 철회하고, 조국 전법무부장관의 자녀 입시 비리 수사와 추미애 장관의 아들 특혜 문제와 더불어민주당의 인사들과 관련된 모든 의혹과 수사가 제대로 밝혀질 수 있도록 더 이상 감싸거나 은폐하려 하지 말고, 우리 사회가 공정하고 투명하게 나아가는데 집권여당으로서 책임 있는 모습을 먼저 보여주길 바란다.

〈2020. 10. 08. '민주화운동전형' 비판 기자회견 – 연세대 앞〉

황제휴가인가 탈영인가

　대학입학시험에서 군대까지 권력을 이용한 부모찬스가 남용되고 있는 대한민국, 이 시대를 살아가는 청년들에게 정말 부끄러운 일이 아닐 수 없다.

　정유라 부정입학은 재판도 끝나기 전에 고등학교 대학교 입학을 모두 취소할 정도로 신속히 처리되더니, 조국 전 법무부장관의 자녀 입시비리 문제는 재판 결과가 나오지 않았다는 이유로 입학취소는 커녕 의사 국가고시까지 신청하는 상황까지 이르렀다. 이러한 과정을 지켜보는 국민들의 분노가 채 가시기도 전에 이번엔 추미애 법무부 장관의 아들 문제로 온 나라가 떠들썩하다.

당직사병은 우리들의 아들이다.
털끝 하나라도 건드리지 마라!!
추미애 장관은 아들 수사가 제대로 이루어질 수 있도록
당장 사퇴하라!

　지난 1월 고발된 수사가 8개월 이상 제대로 이루어지지도 않고 있다. 오히려 수사를 담당했던 검사들은 좌천이 되거나 사직서를 제출하고, 수사를 뭉갠 검사는 영전하는 웃지 못 할 일까지 벌어지고 있으니, 역시 법무부장관과 직접적인 관련이 있는 수사가 제대로 이루어질 거라는 기대는 애초에 말이 안 되는 것이었다. 이명박 정부 '문화계 블랙리스트'사건과 강원 랜드 채용비리 수사외압 사건을 수사하며 이 정권의 칭찬을 받았던 차장검사가 추 장관 아들의 군대 휴가 미 복귀 의혹 수사를 지휘를 하던 도중 사퇴한 것을 국민은 어떻게 받아들여야 하는가. 이러고도 추 장관 아들의 수사가 제대로 이루어지고 있었다고 말할 수 있는가.

이러한 수사과정은 의혹을 더 증폭시킬 뿐만 아니라 뭔가 더 큰 문제를 덮으려는 것으로 의심받을 수밖에 없다. 추 장관 말대로 어미로서 오히려 해준 게 없다면 더 당당히 수사를 받으면 될 것인데 도대체 무엇이 두려워 또다시 힘을 이용해 수사가 진행되는 과정마저 흔드는 것인가. 더 황당한 것은 추미애 장관 아들이 휴가 후 군대에 미복귀하는 과정에서 문제가 있었다는 것을 뒷받침하는 증언들이 쏟아지고 있는 상황에서 조작설과 가짜뉴스라는 여당의원들의 주장이다.

게다가 추미애 장관을 구하겠다고 감싸고도는 집권 여당의원들의 아무 말 대잔치는 도저히 들어줄 수가 없다.

"카투사 자체가 편한 곳"

"김치찌개 빨리 달라고 하면 청탁"

"군에 안 갈 수 있는 사람인데도 군에 갔다는 사실 자체가 상찬되지는 못할망정"

이것이 전형적인 내편 감싸기라는 것을 집권여당의 의원들만 모른단 말인가.

그뿐인가 자기편 감싸기인지 자기편 내치기인지도 구분 못하는 김종민 의원의
"군대 보낸 모든 어머니들 괴롭히는 것" 이란 발언은 누가 누구 때문에 왜 화가 났는지 진정 모르고 한 소리란 말인가.

이도 모자라 더불어 민주당의 황희 의원은 당직사병의 실명과 얼굴을 공개하고, '단독범'이 아느 라 함께 개입한 공범세력을 철저히 규명해야 한다며 범죄자 취급을 하고 잠수를 탔다는 말도 서슴지 않고 했다. 이는 명백히 공익신고자 보호법위반이며, 개인정보보호법, 정보통신망법 위반이며, 공무상 비밀누설에 해당한다. 추미애 장관의 가들은 귀하고 본인의 업무에 충실했던 당직사병은 귀하지 않단 말인가. 과연 그동안 인권의 중요성을 강조해오던 정당이 맞단 말인가.
황희 의원은 당장 당직사병에게 사과하고 법의 심판을 받아야 할 것이다.

어제 대정부 질의를 ㅈ 켜보던 대한민국의 학부모들은 여당의원들의 눈물겨운 추미애 장관 감싸기를 도저히 눈뜨고 지켜봐줄 수가 없었다. 정청래 의원이 언급한 뉴스공장에 출연한 A씨의 증언은 본질을 왜곡하고 미 복귀했다고 증언한 당직사병을 흠집 내기 위해 이용한 것밖에 되지 않는다. 추 장관의 아들이 미복귀가 아니라 휴가 연장이 인정됐다 하더

라도 그 자체만으로 특혜인 것이고, 미 복귀였다면 탈영이기 때문에 그것이 이 사건의 본질이지 23일 24일이 아닌 25일 당직사병이 미 복귀했다는 증언을 한 것 자체가 문제가 될 일이 아니다.

이렇게 본질을 왜곡하고 추 장관 아들이 휴가 후 군대에 미 복귀했다고 증언한 당직사병의 신상을 털고, 허위 사실을 유포했다고 몰아세우는 것은 국민을 대표해서 국정을 견제하고 감시해야할 국회의원이 할 짓이 아니다. 아무리 내 편 감싸기에 급급했다고 하더라도 함부로 국민을 범죄자 취급하는 것은 있을 수 없는 일이다.

도대체 국민들이 언제까지 이 어처구니없는 과정을 지켜봐야한단 말인가. 대한민국에서 아들을 둔 엄마들을 대신해서 강력히 경고한다.

"당직사병은 우리들의 아들이다. 털끝 하나라도 건드리지 마라"

며칠 전 전화로 휴가가 연장이 가능하다는 국방부의 발표를 듣고 대한민국의 엄마들은 더 분노했다.

보통 사람에게는 아들이 병가를 내고 병원에서 큰 수술을 한 다음 '진료를 계속 받아야 하니 군대에 병가 연장을 할 수 있도록 서류를 준비해주겠다'는 의료진의 엄중한 의견도 병가 연장에 아무 도움이 안 됐다. 결국 휴가 연장은 직접 군에 들어와 해야 한다는 원칙을 지키기 위해 군에 직접 가서 개인 휴가 며칠을 더 받았던 엄마.

군에서 취사병으로 근무하다 다친 손가락을 제대로 치료받지 못해 계속해서 통증을 호소하는 아들을 6개월간 보지 못해 정기 휴가라도 빨리 나올 수 있도록 중대장에거 전화했지만 거절당했던 엄마.

군복무도중 허리디스크가 심해 집으로 그냥 돌아왔다가 다시 입대한 아들이 또다시 허리디스크가 심해져 고통을 호소하고 있지만 아무것도 해줄 수 없어서 괴로워하고 했던 엄마. 이 엄마들 모두 추 장관 아들의 전화 휴가 연장이 가능하다고 답변한 국방부의 발표에 몹시 분노했다. 그리고 자신들의 아들에게 미안해했다. 엄마가 힘이 없어서 미안하다며……

추미애 법무부장관의 아들 문제는 추 장관 개인의 문제가 아니다. 조국 전 법무부장관도 추미애 법무부장관도 일반인이 아니지 않은가. 하물며 평범한 우리 같은 일반인도 지켜야 하는 것과 하면 안 되는 것은 구별할 줄 안다. 그리고 이것을 우리가 지키지 못 했을 때 어떠한 대가를 치러야 하는지도 안다.

그런데 두 사람은 대한민국에서 가장 법을 잘 지켜야 할 사람들이거늘 법의 심판을 겸허히 받기는커녕 오히려 법 위에 군림하고 있으니 이것이 공정과 정의를 외치던 사람들의 모습이 맞단 말인가.

우리는 프랑스 유학을 준비 중이던 딸의 비자를 빨리 발급해 달라는 청탁이 있었다는 의혹도 아들을 평창 동계올림픽 통역병으로 선발해달라고 했다는 청탁 의혹도 더 이상 관심 없다. 그저 의혹이 제기된 부분에 대해 제대로 된 수사가 이루어지길 바랄뿐이고, 이 나라의 공정과 정의가 바로 세워지길 바랄뿐이다.

추미애 장관은 이제라도 아들의 수사가 제대로 이루어질 수 있도록 특임검사를 임명하고, 장관의 자리에서 스스로 물러나야 한다. 그리고 국민들 앞에, 특히 아들을 군대에 보내고 늘 마음 졸이며 기도하는 대한민국의 엄마들과 지금도 군에서 대한민국의 국군으로서 충실히 임무 수행하고 있는 모든 장병에게 반드시 사죄해야 한다.

〈2020년 9월 15일 대검찰청 앞 기자회견 전문〉[30]

---

[30] "병가 연장못해 아픈데도 복귀"… 2030, 잇단 '분노의 증언' [문화일보] – https://naver.me/xY93ThB0

1 죄인과 죄인

2 죄는 죄일 뿐, 그 이상이 아니다

2020년 어느 여름날의 슬픈 기록

그때, 나는 내 귀를 의심했다. 믿을 수 없는 소식이 들려왔다.

하나는 박원순 서울시장의 난데없는 자살소식이었고, 또 하나는 박원순 시장이 자살한 이유였다.

'성추행 의혹'

이 의혹이 사실이라면 권력형 성범죄인 것이다.

오거돈 부산시장이 성추행 문제로 사퇴한지 3개월도 안 된 상황에 또 성범죄라니.

뉴스를 접하는 내내 믿기 어려웠다. 황당했다. 아마 대부분의 국민이 그랬을 것이다.

해외 토픽 뉴스도 이보다는 덜 놀라웠으니까.

그가 누구인가. '부천 성고문 사건' 피해자 권인숙의 변호인 아니었던가. 평생을 '인권변호사다.', '사회적 약자를 위한 변호사다.'라고 자부하던 그가 아니었던가.

그런 그가 세상에서 가장 헛된 일, '죄를 짓고 죽음을 택하는 일'을 저지른 것이다.

죄는 온당 피해자에게 용서를 빌고 그에 대한 답을 들었을 때, 죄의 값이 정해지는 것이다.

죄인 스스로 죄의 값을 결정하는 건, 마지막까지도 피해자는 안중에도 없는 이기적인 태도다.

법을 잘 알고 있으니 자살로 인해 공소권 없음의 끝을 알아서였을까.

참 죄만큼이나 무책임한 태도다.

2020년 여름 우리는 그렇게 또 한 사람의 위선을 지켜보았다.

죄의 연속성

대한민국을 대표하는 거대 도시 서울과 부산. 이 두 도시의 수장이 다른 일도 아닌 성추문고 연류 되었다.

입으로 차마 꺼낼 수즈차 없는 추악함.

이것이 대한민국을 대표하는 두 거대 도시에서 벌어진 일이다.

당시 우리는 수 백 억의 혈세를 또 낭비해야만 했다. 보궐 선거를 치러야 했기 때문이다.

두 사람의 죗값을 국민의 혈세로 부담하는 이 어이없는 일.

그런데 그때, 우리는 더 어이없는 일을 겪어야 했다.

'더불어민주당이 당헌당규까지 바꿔가며 후보를 내다니"

그들은 국민을 무시했고 조롱했다. 국민의 분노는 안중에도 없었다.

국민의 경고는 들은 척도 하지 않았다. 결국, 그들은 잘못은 모른 척 하고 후보를 냈다.

선거 기간에 그들은 국민들의 쓴 소리와 채찍은 무시한 채 막말까지 쏟아냈다.

"내가 박원순이다."

죄인을 추앙하는 걸 서슴지 않았다.

국민 모두 분노하며 이 상황을 지켜봐야만 했다.

국민을 더 화나게 만든 건 남인순 의원의 태도와 말이었다.

'여성의 여성에 의한 여성을 위한 정치'. 그의 평소 소신이다.

자신이 인권 운동가 출신임을 앞세우던 그는 박원순, 오거돈 두 시장이 저지른 성추행 사건에는 침묵했다. 오히려 피해자에게 '피해호소인'이라는 어디에서 듣도 보도 못한 말로 2차 가해를 했다. 남인순

의원 뿐이 아니었다. 당시 더불어민주당의 고민정, 진선미 두 의원도 피해자에게 씻지 못할 상처를 주었다. 참으로 부끄러운 일이다.

그것이 당시 집권 여당의 모습이었다. 하늘보다 국민을 더 무섭게 알아야 함에도 불구하고, 국민을 얼마나 쉽고 우슬게 봤으면.
파렴치 죄인을 감싼 파렴치 당의 모순.
피해자의 기자회견에도 그들은 미안해하거나 뉘우치는 기색 하나 없었다.
"……"
국민들은 너무도 어이가 없어서 아무 말도 할 수가 없었다.

박원순 시장은 세상을 떠나는 행위로 모든 걸 덮을 수 있다고 판단한 것인가.
죽고 나면 부끄러운 일이 사라진단 말인가.
죽어서도 못 갚는 죄를 저질러놓고 그는 그렇게 세상을 떠났다.

'가해자와 피해자의 자리가 바뀌었다.'
피해자가 고통 속에 한 이 말은 박원순의 사람들이 저지른 2차 가해 때문이다.
얼마나 고통이 심했으면 그런 말이 다 나왔으랴. 피해자를 '피해호

소인'이라 부르는 사람들,

　더불어민주당은 그러고도 반성 없이 당헌당규를 고쳐 서울 시장 후보를 냈다.

　진심으로 뉘우치고 모두 한 마음으로 국민 앞에 무릎을 꿇었어야 할 사람들이 다시 국민 혈세 수백억을 쓰는 보궐선거에 후보를 내다니. 죄의식에 둔감한 집단이 아닐 수 없다.

　이를 지켜보는 피해자들의 심정을 한번이라도 깊이 생각했다면 도저히 저지를 수 없는 일이다.

　당헌당규를 고쳐서 보궐선거 후보를 낸 더불어민주당의 결정은 피해자들에게 씻을 수 없는 상처를 또 준 것이다.

　당시 더불어 민주당 그 누구도 '진심'어린 사과를 한 적이 없다.

　그들은 피해자를 외면했고 국민을 외면했으며, 자기 자신을 외면했다.

　당시 박영선 후보가 사퇴했어야 옳았다. 하지만 그는 끝까지 깃발을 내리지 않았다. 선거 기간 내내 내가 서울시장이 되어야만 한다고 소리쳐댔다. 사과는 없었다.

　그뿐만이 아니었다. 가짜뉴스 공장의 공장장은 생태탕 타령을 하며 국민의힘 오세훈 후보 흠집내기에 열을 올렸다. 언제나 그렇듯 공장장이 의혹을 제기하고, 더불어민주당은 재확신을 시켰다.

당시 생태탕집 주인과 아들이라고 인터뷰한 사람들은 지금 무엇을 하고 있는지 궁금하다.

그런 가짜뉴스에 시달리는 오세훈 후보는 선거에 집중하기 어려웠을 것이다.

아무리 성추행 보궐선거라 해도 자칫하면 그럴듯한 생태탕 조작 뉴스에 서울시민들이 깜박 속아 넘어갈 수도 있기 때문이다.

이미 국민은 16대 대통령 선거에서 이회창 대선 후보가 김대업의 '병풍 공작'으로 선거의 주도권을 빼앗기고, 나경원 서울시장 후보가 '1억 원 피부과 조작'으로 얼마나 시달렸는지 목도한 경험이 있다.

그 와중에 더불어민주당 박영선 후보는 목소리를 높였다.

'나는 서울 시민, 그리고 국민을 위해 일합니다.'

그게 진심이었다면 후보에 나오지도 말았어야 했고, 완주하지도 말았어야 했다.

자당 출신의 죄에 대해 정치는 그렇게 도의적 책임을 져야 하는 것이다.

그때 피해자에게 '피해호소인'이라 칭한 의원들은 징계조차 받지 않았다.

자신들의 가족이 같은 피해를 당했어도 그들은 그렇게 말했을까.

3 국가가 없으면 국민도 없다

나는 왜 행동하는 자유시민이 되기로 했나

대한민국의 교육을 바로 세워보겠다고 나섰던 내가 왜 더 험한 시민단체의 대표직을 수락했을까.

그 이유는 정권교체였다.

오로지 대한민국을 지켜야 한다는 위기감 때문이었다.

입시비리 문제를 알리는 일을 시작으로 피켓을 들었던 내가 편향된 역사교육 문제의 심각성을 깨닫고 좌파 정권의 민낯을 알게 되는 데는 그리 오랜 시간이 걸리지 않았다.

조국 일가의 입시비리를 비롯해서 인권을 내세우던 사람들의 연이은 위계에 의한 성폭행 성추행 사건들, 거듭되는 가짜뉴스 선동, 그리고 끊임없이 자기편은 죄가 없다는 사람들.

그리고 거듭되는 내로남불, 집값 폭등으로 서민들은 피눈물을 흘리는데 수억 원씩 시세 차익을 얻고, 대충 죄송하다고 얼버무리다 국회의원 배지를 다는 사람들.

그렇게 언론의 자유를 외치던 사람들이 언론을 장악하고 편파적인 보도를 일삼는 일상, 죄가 있다고 아무리 의혹제기를 하고 고소고발을 해도 재판은 진행은커녕 수사조차 시작하지도 않는 지난 정권의 모습을 보면서 너무 화가 났다. 이런 환경에서 교육이 바로 세워지기 만무한 일이었다.

그래서 '행동하는자유시민' 이름 하나 보고 더 강한 비판을 쏟아내기 위해 대표직을 받아들였다.

대학입시제도 문제만 해결하면 끝날 거라고 생각했던 일이 사실 절체절명의 대한민국의 위기 앞에서 그냥 손놓고 있을 상황이 아니었다.

고달팠다. 뭐 이름도 없고 인지도도 없는 그냥 아줌마가 한 마디만 해도 언론의 스포트라이트를 받는 유명정치인에 비하면 수십 번 목소리를 내도 언론의 주목을 받을까 말까 한 처지. 그런 처지여서 무작정 열심히 달리는 수밖에 없었다.

나라 빚 천조가 되었을 땐 우리 아이들을 빚더미에 앉힌 무책임한 정부를 비판했고, 코로나 핑계를 대며 선택적으로 집회를 금지한 정부를 향해 성추행으로 자살한 전 서울시장의 장례식인 시장(市葬)은 괜찮냐며 비판했다. 그리고 안전한 코로나 백신을 확보하겠다더니 여기저기 구걸하듯 이 백신 저 백신을 들여와 국민들이 1차 접종은 화이자 2차 접종은 다른 백신을 맞는 어처구니없는 일이 벌어졌을 때도 국민의 안전을 담보로 한 정부의 무능을 비판했었다. 그뿐만 아니라 서울시청 앞에서 박원순의 피해자에 대해 침묵하는 여성시민단체와 세금 도둑 시민단체 비판도 해보고, 보조금 내역 정보공개 청구도 했다.[31]

그리고 내가 25년째 살고 있는 성남에서 배출한 부끄러운 정치인, 그가 대통령이 되는 일만은 막아야 한다는 절박함으로 청년들과 검찰청, 서울시청, 동화면세점에서 대장동 사태 진상규명을 외치며, 국회 앞과 성남시청 심지어 경기도청 국감장에서도 기자회견을 했었다.[32]

---

[31] '시민단체 가장한 세금먹는 세금충 아웃' [뉴스1] – htps://naver.me/G6f8fPNz

[32] '대장동 의혹' 특검 요구 촛불집회…"검찰 수사의지 없어 보여" [헤럴드경제] – https://naver.me/GHENl0aE
집값 폭등·고용 절벽… MZ세대 "文정부 잘한게 뭐냐" [문화일보] – https://naver.me/G18jPYjL
행동하는자유시민, 대장동 특혜, 로비 의록 특검 촉구 집회 [뉴시스] – https://naver.me/F0w2lijt
이재명 국감장 나온 대장동 주민들 "돈 몇 푼으로 쫓아내고 뻔뻔" [조선일보] – https://naver.me/FlJ5xY6N

그 와중에 언론에 재갈을 물리는 더불어민주당의 언론중재법을 막기 위해 토론회, 기자회견, 집회 등에 동참했고, 공영방송의 정상화를 위해 KBS허성권노조위원장과 공동으로 공영언론 미래비전 100년위원회 공동집행위원장을 맡았다[33]. 이러한 다양한 목소리를 내기 위해 나는 행동하는 자유시민이 되기로 했다.

그 당시 서울시교육감선거 중도보수교육감후보 단일화를 추진하는 단체에서 간사 역할을 하는 것은 덤이었다. 새벽부터 밤늦게까지 몸이 열 개라도 모자랐다. 그렇게 몇 년을 무보수 무제한 노동시간을 소화하며 최선을 다했던 시간, 그것이 무명인의 삶이다. 어쩌면 아무도 알아주지 않는 삶…

그러나 감히 단언컨대 고통스러울 만큼 힘들게 그 많은 일을 해내

이재명 국감장 온 대장동 주민 "원주민만 호구…특검 받아라" [중앙일보] – https://naver.me/x8l9EbCz
성남시청 찾은 행동하는자유시민-성남시민연대, 대장동게이트 특검 촉구 – https://naver.me/GMvgQzF1
시민단체 이재명, 특검 수용하라…2,699억 더 챙겨 [MBN뉴스] – https://naver.me/5T-3A1LDO
시민단체 "대장동 부실수사"…공수처에 중앙지검장 등 고발 [조선일보] – https://naver.me/F7IV9Xdq

[33] "진짜 뉴스 죽이는 언론중재법, 자유민주주의 무너뜨린다" [뉴데일리] – https://naver.me/xkqnVWKh
공영언론 100년 위원회, 尹 심판한다는 언론노조 주장에 "자신들 과거부터 반성해야" [월간조선] – https://naver.me/xl2XqzlZ

면서도 나는 그 어느 것 하나 대충 한 일이 없었다고 자신한다. 물론 후회가 남는 일이 없는 것은 아니지만 매 순간 진심을 다하지 않은 적이 없었다. 그렇게 한 사람 한 사람의 마음을 얻는 게 보람이었다. 그것이 내가 버티는 유일한 힘이었다.

어쩌면 그게 독이 되었을까. 내가 해야 할 일은 점점 늘어나기만 했다...

국가보안법 폐지 반대하다

'보안(保安)'이란

그 사회의 안녕과 질서를 유지하는 것.

국가의 안전을 위태롭게 하는 반국가 활동을 규제하도록 제정한 법률로서 국가의 안전과 국민의 생존 및 자유를 확보[34]하기 위한 법이 국가보안법이다.

자유 대한민국을 지켜야겠다고 생각하는 국민이라면 또 자유 대한민국을 사랑하는 국민이라면 국가보안법을 어길 이유도 필요도

---

[34] 두산백과

없다. 그런데 왜 국가보안법이 없어져야 한다고 주장하는 걸까. 그들은 왜 국가보안법이 불편한 것인가.

2021년 5월 강은미 정의당 의원은 '국가보안법 폐지 법률안'을 대표 발의했다. 이 법안에 함께 하는 의원들이 다수라 놀라울 뿐이었다. 류호정·배진교·이은주·심상정·장혜영 등 정의당 의원 다섯 명과 이용빈 더불어민주당 의원, 용혜인 기본소득당 의원, 당시 더불어민주당에서 제명된 김홍걸·양정숙 의원 까지 강은미 의원의 법안에 공동발의자로 이름을 올렸다.

우리는 격분하지 않을 수 없었다. 그래서 기자들을 향해 외쳤다.[35]

"국가보안법 폐지작업을 추진하거나, 지지하는 자들의 이름과 활동을 낱낱이 밝히고 단죄해야 한다."

국가보안법을 폐지하겠다는 건, 간첩 활동을 보장하겠다는 것이고 결국 공산주의 체제를 인정하자는 것과 다를 바 없다는 것이다. 국가보안법을 폐지하면 김정은에게 국가를 내어주겠다는 의미와 무엇이 다른가 말이다. 이미 청주 간첩단에 이어 전국 곳곳에서 간첩단

---

[35] "간첩활동 보장하는 '국보법 폐지' 반대"… 국보법연대 '수호 결의' 기자회견 [뉴데일리] (2021.07.06.) - https://naver.me/5EaGaZ7N

활동을 하고 있다는 소식이 뉴스를 통해 전해진 현 상황[36]에서 아예 그들에게 활개를 치라고 멍석을 깔아주는 격이 아니냔 말이다. 그날 우리의 손에는 수많은 티켓이 들려있었다. 국민의 목소리를 대신하기 위해서였다.

이미 대한민국은 국가 안보를 위해 존재하는 국정원마저 무력화시켰다. 국정원의 대공수사권 박탈은 무력화의 대표적인 시도이다. 국정원 원훈석은 어떤가. 통일혁명당 사건으로 무기징역을 선고받아 구속되었던 신영복의 글씨체로 국정원의 원훈을 써넣는 것은 국정원을 모욕하는 일이다. 그런데도 문재인과 박지원은 국가정보원의 원훈석을 보란듯이 교체했다. 전직 국가정보원 뿐만 아니라 현직 국가정보원 직원들에겐 치욕스러운 날이 되었다. 국가보안법 수호연대는 신영복치 원훈석을 당장 교체하라고 외쳤다.[37] 나라가 이 지경인데 국가보안법을 폐지한다니 말이 되는가.

---

36 청주 4명 지령 내렸다는 北둔화교류국…일심회·왕재산 때도 연루 [중앙일보] – https://naver.me/GjG1R9Oo

37 시민단체 "간첩 글씨체… '국정원 원훈석' 철거하라" [조선일보] 2021.06.10. – https://naver.me/5xLYjHAN
시민단체, '간첩 손글씨 국정원 원훈석' 깨기 퍼포먼스 [조선일보] 2022.05.16 – https://naver.me/FDXCiNR9

국가보안법을 수호하는 것은 대한민국 국민으로서의 사명이다. 우리가 지금껏 자유 대한민국을 지킬 수 있었던 것도 국가 보안법이 있었기 때문이다. 폐지하려는 자들 뜻대로 되도록 그냥 손 놓고 있어서는 안 된다. 그래서 우린 헌재 앞에서 1인 릴레이 시위를 이어갔다. 추운 겨울에도 뜨거운 여름에도 1인 릴레이 시위는 계속 이어졌다. 지금도 헌재 앞에서는 국가보안법을 지키기 위한 전직 국정원 직원들의 처절한 외침이 계속 되고 있다.[38] 어떻게 지킨 나라인데, 국가보안법을 폐지한다는 말인가.

국가보안법은 해방 직후, 제주 4·3사건, 여수 주둔군 반란 사건 등 좌익분자의 준동으로부터 신생 대한민국을 지키기 위해 1948년 12월 1일 법률 제10호로 제정한 안보 수호법이다. 만약 국가보안법이 없었다면 어찌 되었을까?

아마도 북한과 좌익분자들로부터, 자유 대한민국을 지키기 어려웠을 것이다. 그러므로 국보법 때문에 사회적 활동이 힘들거나 불편한 세력이 있다면 그들은 북한 간첩이거나 안보 위해(危害) 세력이 분명하다.

그때나 지금이나 마찬가지다. 우리나라는 안보에 있어서 안전하다고 말 할 수 없다. 왜냐하면 여전히 한반도는 남과 북으로 갈라져

---

[38] "국보법 폐지 주장은 궤변" 헌재 앞 시위 나선 국정원 퇴직자들 [조선일보] – https://naver.me/GgulQRcF

있고, 북한은 여전히 공산주의 독재를 더 견고히 하는데 집착하고 있기 때문이다.

대체 무슨 생각으로 국가보안법을 폐지하자고 주장하는 것인지 그들의 머릿속이 궁금할 따름이다. 국가보안법 폐지 주장자들 그들은 국가 보안법이 사상과 표현의 자유를 억압하는 반민주주의 악법이라고 말한다. 또한 통일을 저해하는 반통일 악법이라고 주장한다.

그런데 대북전단금지법과 일명 5·18 역사왜곡 처벌법인 5·18민주화운동 등에 관한 특별법을 만들고, 2022년 대선 전에 가짜 뉴스를 유포하는 언론에 징벌적 손해배상을 물리겠다며 언론중재법을 발의했던 그들이 표현의 자유, 억압하는 반민주주의 악법이라는 말을 함부로 할 수 있는지 되묻고 싶다.

말도 안 되는 억지를 펼치며 왜곡하고 선동하면서 국가보안법을 폐지해야 한다고 하는 그들은 대한민국 국민이 맞는가.

우리는 더 강력하게 주장했다. 미국과 독일, 일본 등 세계 모든 나라는 국가 안보를 위한 특별법이 정해져있다. 이들 국가는 형법 이외에도 국가보안법보다 더 강력한 안보특별법을 운영 중이다. 외려 안보 관련법을 강화해야 할 이 시점에 당시 국회는 망국적 국가 보안법 폐지를 위해 동분서주하고 있었다. 누구를 위한 법인지 묻고 싶다.

우리는 즉각 중단할 것을 강력히 요청했다.

'국가에 가장 우선시 해야 하는 것은 안보다.'
'안보가 무너지면 다 무너지는 것이다.'
'국가 안보를 위한 기본법은 국가 보안법이다.'

한 목소리가 되던 날

국가보안법 위헌 소송이 헌법재판소에서 진행 중이다. 우리는 외칠 수밖에 없었다. 또 외치지 않으면 안 되었다. 2021년 여름 우리는 다시 모여 한 목소리를 냈다.[39]

'국가보안법 폐지 반대'
'국가보안법 폐지'를 주장하는 사람들만 대한민국에 있는 것이 아니라는 것을 말하고 싶었다.

어쩌면 일반 국민은 너무도 당연히 국가보안법이 있어야 한다고

---

[39] "간첩활동 보장하는 '국보법 폐지' 반대"… 국보법연대 '수호 결의' 기자회견 [뉴데일리] (2021.07.06.) - https://naver.me/5EaGaZ7N

생각하기 때문에 이런 논쟁이 벌어지고 있는 줄도 모를 것이다. 나도 시민운동을 하기 전에는 관심도 없던 사람 중에 하나였으니까.

그렇게 관심이 없던 국민도 국가보안법을 폐지해야 해야 한다고 외치는 사람들이 있다는 것을 알면 그들의 주장을 이해하기 어려울 것이다.

우리는 국회 앞으로 달려갔다. 그리고 결의했그 외쳤다.

"국보법 폐지 절대 반대"

그들이 국가보안법을 폐지하라고 하는 것은 빨간불에 건너도 아무런 사고도 일어나지 않는다고 주장하는 것과 같다. 도로에 차가 마구 지나다녀도 절대로 위험하지 않으니 신호등을 모두 없애버려도 괜찮다고 말하는 것과 마찬가지다.

우리는 한 목소리로 외쳤다.

"간첩활동을 보장해 자유 대한민국을 붕괴시키려는 국보법 폐지에 반대한다."

국가보안법수호연대는 자유민주연구원, 바른사회시민회의, 한반도인권과통일을위한변호사모임, 행동하는자유시민이 공동으로 이끌고 무려 국내외 105가 시민단체가 그 뜻을 함께 해왔다.

이처럼 수많은 국내외 단체들이 우리와 함께 한 목소리를 내고 있는 이유는 자유 대한민국을 지켜야하기 때문이다. 그 간절한 마음이 그들을 행동하게 만든 것이다.

그렇게 나는 국가보안법수호자유연대의 공동대표라는 또 하나의 역할을 맡고 있었다.

우리의 공통된 의견은 다음과 같다.

"국보법은 자유 대한민국 수호법"
"폐지하려는 자들은 모두 단죄하라."

그날 우리는 기자들을 향해 강력히 주장했다.[40]

"국보법은 자유 대한민국을 지키기 위해 만들어진 법"
"국가라는 울타리를 온전히 지키기 위해 반드시 필요한 법"

당시 집권 여당이던 더불어민주당 의원은 국보법을 폐지하겠다고 나섰다. 국민들이 이를 어떻게 받아들이라고 하는 것인지 묻지 않을

---

[40] "국보법 폐지 주장은 北의 공산혁명투쟁에 '고속도로'를 깔아 주는 격" [조선일보] (2022.09.15.) – https://naver.me/IgNkwy2G
"국가보안법은 대한민국 수호 마지막 장치… 폐지? 간첩 안 막을 텐가" [뉴데일리] (2023.05.08.) – https://naver.me/xr6uhhYg

수 없었다.

국가보안법은 자유대한민국 수호의 마지막 법적 장치다. 너무도 당연한 말이 아닌가.

그러나 그동안 국가보안법을 폐지하겠다고 외치던 사람들의 행적은 정말 충격적이었다.

북한의 대남혁명 핵심과제와 국가보안법 폐지는 한 줄로 연결된다. 그래서 모두가 한 목소리로 외친 것이다.

"국가보안법을 폐지하는 것이 무엇을 의미하는 줄 아는가?"
"이는 북한 간첩들과 안보 파괴세력의 활동을 합법화하는 것이다."

우리는 기자들을 향해, 아니 당시 집권 여당을 향해 목소리를 높였다.

국가보안법 폐지해도 대한민국 안보, 이대로 괜찮습니까![41]

국가보안법은 대한민국 정부가 수립된 이후 1948년 12월 1일 제정되었

---

[41] 국회서 세미나 '청주간첩단과 국가보안법' 열려 [월간조선] – https://naver.me/Gul7twlg

다. 해방 이후 한반도는 민주주의와 공산주의의 대립이 끊임없이 이루어지던 때였고, 6.25전쟁이후엔 남과 북으로 나뉜 상황이라 대한민국의 자유민주주의를 수호하기 위해서는 꼭 필요한 법 제정이었다. 그렇게 자유 대한민국을 지키기 위해 만들어진 국가보안법은 정권이 바뀔 때마다 수차례 개정을 반복하며 지금의 모습이 되었다. 그런데 수차례의 개정도 모자라 문재인 정권은 대한민국의 자유민주주의를 지키는 최후의 보루인 이 국가보안법마저 아예 없애려고 하고 있다. 자유민주주의 체제를 혼란에 빠트리고 나라를 뒤집겠다는 의도가 아니라면 도저히 납득이 가지 않는 일이다. 이번에 청주에서 체포된 '자주통일 충북동지회' 세 사람도 결국 국가보안법 위반 혐의로 구속된 것이다. 국가보안법이 폐지되었다면 그 어떤 법적 근거로도 단죄하기 어려웠을 것이다. 나라의 상황이 이러한데도 국가보안법을 폐지하겠다고 한다면 그것은 대한민국의 민주주의를 포기하는 일이며, 분단국가의 안보를 무장해제 하겠다는 것과 같다.

김대중 정부, 노무현 정부에 이어 이명박 정부, 박근혜 정부까지 국가정보원과 경찰 대공수사팀에 의해 검거된 간첩 사건은 41건에 달한다.[42] 그런데 문재인 정권에서는 이번 청주간첩단 사건이 있기 전까지는 단 한 건의 간첩사건도 검거되지 않았다. 이러한 사실만 봐도 국가보안법을 폐

---

[42] 국가보안법 바로알기 토론회-토론문2, 최기식(변호사, 전 서울고검 송무부장). 2021.8.30. 국가보안법수호자유연대

지해야 한다는 그들의 주장이 설득력이 떨어진다. 물론 문재인 정권의 낮은 간첩 검거율이 국정원의 대공수사권 박탈 및 정권의 검거 의지 부족과 무관하지 않겠지만 한편으로는 국가보안법이 폐지되어야 할 이유가 없음을 그들 스스로 보여준 결과이기도 하다.

상황이 이러한데 국가보안법 폐지를 계속 주장한다면 '그들이 만들고자 하는 세상'을 완성하기 위한 것이라는 비판을 면하지 못할 것이다. 지난 4년간 문재인 정권이 보여준 모습만 봐도 이들에겐 자유대한민국을 수호할 의지가 없다는 생각을 떨쳐버릴 수가 없다. 대북전단금지법, 서해 공무원 피격 사건, 남북연락소 폭발 사건 등 북한과의 관계를 통해 이 정권이 보여준 모습이라고는 그저 북한의 눈치 보기, 북한 바라기 그 이상 그 이하도 아니었다. 그러니 국가보안법을 폐지하겠다고 하는 소리가 놀라울 리도 없다. 참 이상한 것은 국민들의 표현과 양심의 자유를 억눌러 왔다며 국가보안법을 폐지하라고 주장하는 이들은 언론에 재갈을 물리겠다고 하는 '언론중재법'과 북한 주민에게 진실을 알리겠다고 시작한 대북전단 살포를 하지 못하게 하는 '대북전단금지법'에는 찬성한다는 것이다. 이를 어떻게 이해해야 하는지 답답할 노릇이다. 국가보안법 폐지 법안이 발의되자 곳곳에서 이를 지지하는 성명서가 발표되고, 조직적인 운동이 이어졌다. 대한민국 교육을 망쳤다는 비판을 받고 있는 전교조는 아예 홈페이지에 국가보안법 폐지 〈1만 열정단 99℃〉를 모집한다는 공

고를 내기도 했다. 이 또한 교사로서 참 부적절한 행동이 아닐 수 없다.

그렇다면 우리는 어떻게 해야 하는 것인가. 대한민국의 자유민주주의를 이대로 포기할 것인가. 아니면 지켜낼 것인가! 자유민주주의를 수호하고자 한다면 국가보안법도 수호되어야 한다. 이것이 분단국가 대한민국의 숙명이고, 사명인 것이다. 그래서 우린 오늘도 헌법재판소 앞에서 국가보안법 폐지 반대 1인 시위를 하는 것이고, 오늘 이 자리에 서 선 것이다. 대한민국의 한 국민으로서 도저히 자유민주주의가 위협받는 이 상황을 지켜볼 수만은 없기 때문에 간절한 마음으로 이 자리에 모인 것이다.

그동안 국가보안법이 이 나라를 지키는데 어떤 역할을 해왔는지 또한 어떻게 개정되어 왔는지 그 구체적인 이야기는 앞서 국가보안법 수호 자유연대가 마련했던 토론 등에서 전문가 분들이 충분히 거론했기 때문에 오늘 이 자리에서 일일이 거론하지는 않겠다. 그러나 문재인 정권 4년 동안 우리가 이 나라에서 누려왔던 자유가 얼마나 소중한지 새삼 깨달은 일반 시민의 한 사람으로서 대한민국은 여전히 국가보안법이 필요하다는 말을 전하고자 한다.

7년 전 이석기가 구속되고 그를 석방하라는 운동이 해마다 이루어져 온 모양이다. 역시 관련 기사 사진만 봐도 입이 다물어지지 않는다. 그러나 조금만 더 관심을 가지고 관련 기사를 찾아보면 그들의 움직임이 예사롭

3 국가가 없으면 국민도 없다   183

지 않다는 것을 바로 느낄 수 있다. 그들의 조직력과 동원력, 그 어마어마한 행사를 치러내기 위한 자금력까지, 그 어느 하나 일반 국민들이 자발적으로 참여한 행사라고 보기 어려울 정도이다.[43]

청주간첩단이 잡힌 2021년에도 여전히 대한민국의 일반 국민은 '요즘 세상에 빨갱이가 어디 있냐' '제발 그런 색깔론은 이제 그만 하라'는 사람이 많다. 이 정권이 그렇게 북한의 눈치를 보고, 북한 주민의 인권보다 아니 대한민국 국민의 목숨보다 북한 정권이 더 중요하다는 것을 일련의 사건들을 통해 보여줬지만 일반 국민은 그다지 관심이 없다. 그러나 그들도 자신의 자유 민주주의가 억압받게 되는 것은 동의하기 어려울 것이다. 이번 토론회를 통해 국민들이 대한민국의 이 위기를 깨닫기를 바란다. 특히 국가보안법 제7조를 폐지하는 것은 국가보안법을 무력화시키는 것이기 때문에 우리는 이 조항을 끝까지 수호해야할 것이다.

"대한민국은 아직 분단국가이다."
대한민국에 왜 아직 국가보안법이 필요한지 이 이유 외에 그 어떤 이유가 필요하단 말인가.

〈2021.10.01. 국회 '청주간첩단과 국가보안법' 세미나 토론문〉

---

[43] 이석기 석방운동: 네이버에서 사진 가져옴

언론의 공정을 위해 뛰다

　대통령을 뽑는다는 건, 국가와 국민의 역할 중 가장 큰 일이다. 대통령이 못하건 잘하건, 온전하건 불온전하건, 국가를 통치하는 권한은 대통령에게 있기 때문에 국민은 대통령을 잘 뽑아야 한다. 그래서 대통령 선거를 앞 둔 상황이 되면 정치권 뿐 아니라 모든 국민의 관심이 선거에 쏠린다. 그러다 보니 선거 과정에서 상대를 흠집 내려는 흑색선전은 그 어느 선거보다 심각하고, 그 정도도 매우 심각하다. 어떻게든 여론을 주도하기 위해 가짜 뉴스도 서슴지 않고 퍼트린다. 그 효과가 당락을 결정하다 보니 가짜뉴스 양상은 점점 자극적이고 극단적으로 가고 있다. 사실상 선거 내내 가짜뉴스에 대응만 하다 결국 큰 손해를 보게 되는 구조이다 보니 진실 여부와는 상관없이 악의적으로 유포하는 것이다.

　앞서 언급했지만 우리는 이미 사실이 아닌 것으로 드러난 '병풍 공작' '1억 원 피부과 조작' '생태탕 사건'과 같은 가짜뉴스들이 선거를 어떤 방향으로 몰고 갔는지 똑똑히 봤기 때문에 21대 대선을 앞두고 당시 여당이 '언론중재법'을 발의하여 가짜뉴스를 통제하겠다는 의도는 순수해 보이지 않았다.
　그래서 가짜뉴스를 생성해 내는 언론에 징벌적 손해바상을 청구하겠다는 '언론중재법'을 막아야 했다.

　2022년, 대통령 선거를 4개월 앞두었을 때였다. 편파, 왜곡, 불공정 방송과 가짜 뉴스를 걸러내기 위해 언론과 시민사회단체가 손을 잡았다. 방송의 영향력은 어마어마하다. 한 사람의 이미지가 방송 하나로 운명이 달라지기도 한다. 제 아무리 이미지가 좋았던 사람도 방송에서 어떻게 다루느냐에 따라 이미지가 추락하기도 한다. 그와 반대로 좋지 않던 이미지를 가진 사람이 방송의 영향력으로 전혀 다른 이미지를 갖게 되기도 한다.

　그만큼 엄청난 영향력을 가진 게 방송이라는 매체다. 과거처럼 국민을 만나고, 나라 곳곳을 누비고 다니는 선거방식보다 방송을 통해 진행되는 대통령 후보의 연설이나 토론회가 유권자들에게 많은 영향을 미치게 되었다. 유권자들은 방송에 출연한 후보들의 생각이나 말투를 보며 누구에게 표를 줄지 결정하는 경우가 많아졌다.

　방송사는 후보들의 연설이나 토론회만 방송하는 것이 아니다. 뉴스, 라디오 등 방송사마다 편성된 프로그램을 통해 누가 어떻게 진행하느냐에 따라 또 어떤 패널이 어떤 말을 하느냐에 따라 선거 내내 유권자의 마음을 쥐락펴락 할 수 있다. 이런 방송의 위력이 결국 유권자가 누구에게 투표할지 선택하는데 결정적인 역할을 하게 된다. 그러다보니 선거 기간에는 이런 방송의 영향력을 이용하는 나쁜 세

력들이 있다. 그래서 더욱 대선 과정동안 공정 방송여부를 모니터
링하고 판단하는 활동이 필요했던 것이다.

 대중들은 방송에서 나오는 말을 무조건 믿는 경향이 있다. 방송에
서 아나운서가 하는 말이나 소위 전문가라고 하는 사람들이 하는 이
야기는 대부분 진실이라고 믿는다.
 '텔레비전에서 그랬다니까.'
 '뉴스에 나온 얘기야.'
 '설마 방송에서 거짓말 하겠어?'
 정답이 무엇인지 헷갈렸던 일도 방송을 통해 전달되면 무조건 명
제라고 여겼다. 그만큼 방송은 국민들에게 무한 신뢰를 얻어왔다. 그
신뢰를 바탕으로 방송사는 공신력을 키워왔다. 하지만, 유튜브 등 온
갖 미디어가 발달하면서, 숱한 기사들이 쏟아져 나오는 시대가 되었
고, 그 많은 뉴스들이 진짜뉴스인지 가짜뉴스인지 가려내기도 어려
운 지경까지 이르렀다. 공신력을 가지고 있던 공영방송 마저 가짜 뉴
스를 양산해낸다는 비판을 받게 되었다. 대선 기간 동안 가짜뉴스는
진실처럼 퍼져나갔다. 그 수위도 도를 넘었다.
 이미 전정권의 나팔수로 활동해오던 공영방송의 라디오 진행자,
패널들은 개인 유튜브들이 떠드는 말을 기정사실화하여 재 확산을
시키고 있었다.

그래서 결성했다. '대선 공정방송 국민감시단'

당시 우리는 총 다섯 달에 걸쳐 지상파 방송사 메인뉴스를 비교 했다. 라디오 프로그램도 빼놓지 않고 모니터를 통해 비교 분석하고 평가했다. KBS노동조합 허성권 위원장과 정책실장이었던 이영풍기자가 주축이 되어 MBC노동조합 오정환 위원장, 한반도 인권과 통일을 위한 변호사 모임, 자유언론국민연합, 바른사회시민회의 그리고 행동하는 자유시민이 함께 했다.[44]

생각보다 많은 사람들이 가짜 뉴스의 유혹에 잘 넘어갔다. 이미 가짜뉴스가 정답으로 각인 되어버린 탓인지 사람들은 굳이 사실을 알려고도 하지 않는다. 가짜 뉴스를 양산하는 사람들은 이런 사람들의 심리를 교묘하게 이용한다. 뉴스를 전달하는 영역이 넓어진 시대, 그만큼 확인되지 않은 이야기들을 남발하고 있다.

상대를 무차별 공격하기 위해 확인도 되지 않은 뉴스를 남발했다. 그래서 감시와 고발을 이어가야 한다고 생각했다. 법정 투쟁까지 불사해야 하는 아주 중요한 일이기도 했다. 그렇게 '대선 공정방송 국민감시단'이 출범을 했다.

---

[44] 대선 불공정 보도 매의눈으로 감시…6개 단체 연합체 '대선 공정방송 국민감시단' 본격 활동 시작 [미래한국] – https://naver.me/5qaTR4Sy

국민의 알 권리마저 말살하겠다는 언론중재법, 당장 철회하라!

2021년 지금, 대한민국은 거꾸로 가고 있다. 자칭 이 나라의 민주화를 이루었다고 하는 이들의 손에 의해 자유민주주의가 어떻게 훼손되어 가고 있는 지를 국민들은 깨달아야 한다.

단순히 '언론의 피해자를 보호한다'는 그럴듯한 포장에 그저 눈 멀고, 귀 멀어 있다가는 대한민국을 송두리째 감시와 통제 속에 살아가야할 지도 모른다.

이미 지난 4년간 수없이 많은 악법을 쏟아내며 겉으로는 '민생을 위한 일이다' '국민의 뜻이다'라며 선동하고 국민의 눈과 귀를 가려왔다. 그러나 이번 언론중재법마저 국회에서 통과되면 이제 우린 이 정권의 잘못을 말하는 그 어떤 소리도 들을 수 없게 될 것이며, 비판할 자유마저 억압받게 될 것이다.

우리는 오늘, 언론이 지금까지 잘했는지 못했는지를 이야기하고자 하는 것이 아니다. 그렇다고 지금까지 언론이 아주 잘했다고 말하는 것도 아니다. 그러나 최소한 자유민주주의 국가에서 이 정권과 집권여당이 사법부, 입법부 장악도 모자라 이제 언론까지 모두 장악해서 언론 본연의 기능마저 마비시키겠다는 이 상황을 도저히 지켜볼 수만은 없어서 이 자리에 선 것이다.

문재인 정권 4년 동안 이 정권의 잘못을 비판하는 우리의 목소리를 방송해주지 않는 몇몇 언론사를 원망했었다. 그러나 반면 우리의 극소리를 실어주는 언론이 있어 잘못된 교육문제를 세상에 알릴 수 있었다. 언론의 본연의 역할이 있었기에 조국 전장관의 자녀 입시비리 문제도 세상에 알려질 수 있었다고 생각한다. 물론 언론이 책임 있는 보도를 해야 할 의무가 있다는 부분에 대해서는 충분히 동의한다. 그러나 민주주의 사회에서 책임과 의무를 법으로 다스린다는 것 자체가 모순 아닌가. 특히 민주주의를 외쳐왔던 자들이 이젠 자신들을 비판하는 보도는 가짜뉴스로 치부하며 징벌적 손해배상을 물리겠다고 하는 이 상황을 도대체 어떻게 받아들여야 한단 말인가.

언론이 제 역할을 하지 못했을 때 그에 대한 비판은 어디까지나 국민이 판단할 문제이지 법으로 다스릴 문제가 아니다. 이미 과한 언론보도에 대해서는 피해자와 언론사 간에 고소 고발로도 충분히 사법처리가 가능하다. 오늘 발표한 최진녕 변호사의 발제문을 봐도 언론 피해자 구제에 관한 법률이 형법으로나 정보통신망 이용촉진 및 정보보호 등에 관한 법률로나 충분히 처벌이 가능하다. 그런데 누구의 기준으로 가릴지 너무도 뻔한 방법으로 가짜 뉴스와 진짜 뉴스를 가려 5배의 징벌적 손해배상을 청구하겠다니 어느 국민이 이러한 행태를 보고도 곧이곧대로 듣겠는가.

이제 이대로 법이 통과되면 언론사는 권력자의 손과 발이 될 것이며, 언론인 누구 하나도 소신껏 보도를 하기 어려운 지경에 이르게 될 것이다.

언론중재법이 자신들의 정권을 셀프보호하기 위한 법이 아니라 진정으로 피해자를 보호하기 위한 것이라면 헌법을 무시한 악법을 발의할 것이 아니라 거대 언론사를 상대로 피해를 호소하는 약자를 도울 법적인 자문단을 운영하거나 권력자의 압력에 의해 광고비 하나 끊길 것을 걱정하며 어렵게 언론사를 운영해가고 있는 중소 언론사들을 구제할 방법을 모색하는 것이 맞다. 그러나 이러한 실질적 보호는 외면한 채 언론중재법을 통과시키려고 강행한다면 내년 대선 승리를 위해 언론을 통제하고 길들이려고 하는 법 그 이상도 그 이하도 아니라는 비판을 면하지 못할 것이다.

도대체 누군가의 '표현의 자유'는 지켜져야 하고, 누군가의 '표현의 자유'는 짓밟혀져도 된다 말인가. 국민이 보고 있는 TV토론에서 버젓이 거짓말을 한 후보도 표현의 자유가 지켜지는 마당에 2021년판 언론독재법이 웬 말인가. 5.18역사왜곡처벌법, 대북전단금지법에 이어 슬그머니 철회한 위안부 피해자 보호법까지, 국민의 표현의 자유는 모조리 옭아매어 놓고, 국가보안법 7조를 폐지하라며 누군가의 표현의 자유는 지키라는 것이 도저히 앞뒤가 맞지 않는다.

이것뿐인가. 집권여당의 오만은 극에 달했다. '국경 없는 기자회'의 비판 성명에 집권여당의 당대표는 "뭣도 모른다."고 응수를 하고, 원내대표는 협의안이 없어도 상정해 처리하겠다고 협박을 하고 있다. 게다가 같은 당 김승원의원은 법안 처리가 미뤄지자 자기들이 세운 박병석 국회의장에게 막말을 했다. 막장도 이런 막장이 없다. 이를 지켜보는 국민들만 이 상황이 부끄러운 것인가. 언론중재법 개정안이 국회에서 통과되면 정보의 자유와 언론 표현의 자유를 심하게 제한할 수 있다고 말한 아이린 칸 유엔 의사 표현의 자유 특별보고관의 우려가 참 공허하게 들릴 뿐이다.

이런 상황에도 언론중재법을 통과시키겠다고 하는 것은 그들만의 방식으로 나라를 통치하려는 틀을 완성하겠다는 것이며, 대한민국의 자유민주주의를 파괴하겠다는 것이다. 지금이라도 더불어민주당은 국민의 알 권리마저 통제하겠다는 이 악법을 철회하고, 자신들이 지난 4년간 망쳐놓은 대한민국을 어떻게 되돌려놓을 것인지 고민하길 바란다.

다시 말하지만 언론중재법을 통과시키려거든 부동산 악법으로 국민의 삶을 파탄내고 있는 국회의원들 먼저 국민에게 징벌적 손해 배상을 하라!

〈2021년 9월 '위기의 대한민국, 언톤중재법 무엇이 문제인가? 토론문〉

2021.09.09. 한국프레스센터
'위기의 대한민국, 언론중재법 무엇이 문제인가?' 토론회
(왼쪽부터 박소영 대표, 바른사회시민회의 박인환 공동대표, 최진녕 변호사)

온전한 곳에 써야 할 힘

대선이 끝나고 정권교체가 되었지만 여전히 국회 다수당을 차지하고 있는 더불어민주당의 입법 독재는 계속되었다. 그들은 일명 민노총 공영방송 영구장악법, 즉 KBS, MBC, EBS 등 공영방송의 이사 수를 현행 9~11명에서 21명으로 대폭 늘리고, 이사 3분의 2 이상을 친 민주당과 언론노조 추천 인사로 구성될 수 있도록 하는 방송법 개정안을 일방적으로 상임위에서 날치기 통과 시켰다.

이 방송법 개정안은 공영방송 이사를 대폭 늘려서 학회와 협회, 시청자위원회 소속까지 끌어들여 표면적으로는 다양한 단체와 기관의 참여를 현실화시키겠다고 하고 있지만 사실상 친민주당, 친언론노조 세력이 다수의 이사를 추천하는 방식으로 설계된 것이라서 민노총 언론노조가 공영방송을 영구적으로 장악할 수 있다는 위험성이 매우 크다고 볼 수 있다.

그래서 개악안을 막아야 했다. 우린 또다시 국회 앞에서 릴레이 시위를 이어갔다.[45]

EBS는 또 어떤가. 최근 EBS는 편향적 이데올로기 방송 편성에 대

---

[45] 34개 언론시민단체 뭉쳤다… "민주당 방송장악법' 반대" 연대시위 [뉴데일리] (2023.04.03.)
– https://www.newdaily.co.kr/site/data/html/2023/04/03/2023040300105.html

해 비판의 목소리가 더 높아졌다.

1973년 한국교육개발원 부설 교육전문방송국으로 시작해서 2000년 한국교육방송공사로 성장한 국내 유일한 교육 공영방송인 EBS의 편향성에 대해 비판의 목소리가 커진 것도 2018년 유시춘 작가가 EBS 이사장에 임명되었기 때문이다. 당시 임명 과정에서는 인사 부실검증 논란이 아주 심했다. 임명 당시에는 마약 밀수 문제로 실형을 선고받은 아들을 둔 사람이 교육방송의 이사장 자격이 있느냐 하는 문제가 시끄러웠다. 뿐만 아니라 구 민주당의 정당인 진보통합시민회의의 최고위원을 한 이력도 EBS를 탈정치화 할 수 있는 인물로 보기 어려운데, 문재인 캠프에서 활동한 이력을 가지고 있던 인물을 교육 공영방송 EBS에 이사장으로 임명한다는 것은 '3년 내 대통령 후보의 당선을 위해 자문이나 고문 역할을 한 사람은 공사의 임원이 될 수 없다'고 규정한 한국교육방송공사법에도 어긋나는 것이다.

이런 문제의 인물을 EBS 이사장에 연임까지 하게 한 것은 EBS 스스로 탈정치화 할 의지가 있다고 보기 어렵다. 2023년 3월3일 국민의힘 김기현의현실과 자유언론국민연합, 새미래포럼 공동 주최한 공영방송 정상화를 위한 네 번째 정책토론회 'EBS교육방송 정상화 과제와 대안'에서는 토론자의 한 사람으로서 이러한 문제를 지적했다.[46]

---

[46] 국회에서 'EBS 교육방송 정상화 과제와 대안' 4차 정책 토론회 열려 [시사포커스] – https://naver.me/5xLY05wV

2023년 4월 21일 국회에서 있었던 제5차 정책토론회는 '공영방송 정상화 : 좌표와 전략'라는 주제로 김장겸 전 MBC 사장이 좌장을 맡고, 선문대 황근 교수가 발제를 맡았다. 토론자로는 권순범 KBS이사, 박인환 바른사회시민회의 공동대표, 이인철 전 방송문화진흥회 이사, 황창근 홍익대 법과대학 교수, 행동하는자유시민 상임대표인 내가 맡았다.[47]

"대한민국 공영방송 과연 정상화가 가능할까?"

2021년 여름 대선을 앞두고 언론에 재갈을 물리겠다는 의도 외엔 그 어떤 것에도 동의가 안 되는 법안을 발의했던 거대 여당! 이젠 그 거대 여당이 거대 야당이 되어 그 누구의 눈치는커녕 스스로 눈도 감고 귀도 막고, 방송법 개정안을 내세워 자기들만의 목표를 향해 돌격하고 있다.

이 모습이 현 대한민국의 언론 환경을 그대로 보여주고 있다. 과연 지금 이대로 공영방송 정상화가 가능할까. 공영방송의 제 기능은 안중에도 없고 오로지 방송장악에만 관심 있는 거대 야당이 국회를 장악하고 있는 한 가능해 보이지 않는다.

정권이 교체가 된 후 공영방송의 방송 행태를 보면 눈과 귀를 의심케 한

---

[47] '공영방송 정상화:좌표와 전략' 정책토론회 [스카이데일리] – https://naver.me/Fm2cVXBf

다. 정권이 교체되었다고 친정권적인 방송을 하는 것도 바람직하지 않지만 국민의 알 권리와 정확한 판단을 위해 공정하고 건강한 정보제공을 해야 할 공영방송이 선전 선동에만 매몰되어 있는 모습을 보면 공영방송으로서의 책무성을 거론하기조차 부끄러운 수준이 되었다.

특히 황근 교수의 발제 내용처럼 징벌적 손해 배상제인 언론중재법 개정에 이어 공영방송 영구 장악을 위한 방송법 개정 추진은 그야말로 입법 난동일 뿐이며, 정권 말 알박기 인사로 언론 관련 정부 기관 및 관련 기구 인사를 모두 장악해서 제 기능을 할 수 없도록 마비시키는 행태 또한 악랄함의 극치이다.

이뿐인가 메이저 매체와 좌파 인터넷 유튜버 공조체제는 손발이 맞다 못해 누가 누가 더 잘 하나, 누가 누가 더 치명적으로 흠집내나 내기하는 수준이다.

이렇게 구축된 공조체제를 통해 가짜 뉴스를 확대 재생산하여 오로지 국민만을 바라보며 나아가야 할 정부가 한 발짝도 나아갈 수 없도록 방해하는 행태가 꼭 공작 수준에 달한다.

최근 방송통신위원회 위원으로 최민희가 추천된 사실만 봐도 거대 야당의 꿈은 오로지 방송 영구 장악이며 그 목표를 이루기 위해 자격 정도는 무시해도 된다는 뻔뻔함을 보여주고 있다. 최민희가 누구인가. 민주언론시민연합 교육홍보국장, 기획관리국장, 사무국장, 사무총장을 거쳐 상임

대표까지 한 인물이다. 오로지 야당의, 야당에 의한 야당을 위해 충성한 인물이며, 심지어 허위사실 유포로 벌금 150만원 형을 받았던 인물이다. 다른 죄목도 아니고 국민을 상대로 뻔뻔하게 허위사실을 유포했던 사람이 방송통신위원회 위원이라니 국민 알기를 우습게 아는 야당이 아닐 수 없다. 그러면서도 툭하면 국민 정서를 들먹이고, 국민의 뜻을 거론할 자격이 있는지 묻지 않을 수 없다.

국민은 현 여당에 대해서도 불만의 목소리가 높다. 정권이 바뀐 지 1년이 지났는데 언제까지 국민이 언론노조에 장악된 선전 선동 매체 수준의 공영방송을 지켜봐야 하는 것인가. 정부는 제 기능을 못하는 공영방송을 정상화하기 위해 과감하게 칼을 뽑아 들고 수술이 필요하면 수술을, 생명 연장이 필요하면 인공호흡기를, 암이 번질 것 같으면 악성 종양을 과감하게 도려내야 한다.

이것은 공영방송 장악이 아니라 비정상적인 공영방송을 정상화하라는 국민의 명령이며 정부의 책무인 것이다. 사법개혁이든 언론개혁이든 정치개혁이든 가장 좋은 것은 자성의 목소리이며, 그들 스스로 변화하려는 노력을 보여주고 국민에게 재신임을 받는 것이다.

그러나 이제 대한민국의 공영방송은 스스로 바뀔 수 있는 임계점을 넘어섰다. 시민을 분노하게 만들어 촛불을 들게 하고, 그렇게 시민들을 앞세워 정권을 몰아내고 세운 문재인 정권, 그 정권에 기대했던 국민들의 마음을 방패 삼아 눈치 보지 않고, 마구 힘을 휘둘러왔던 문재인 정권이 방송장악을 넘어 이제 대선 불복에 눈이 멀어 대한민국 곳곳의 기능을 마비시키고 망치려고 하고 있다.

이제 공영방송 스스로 바뀌는 것은 기대하기 어렵다. 공영방송법을 제정하든 공영방송 규제 체제를 재정립하든 그리고 공영방송 다원적 지배구조를 구축하든 공영방송 재원 구조를 개선하든 정부가 더 적극적으로 나서서 공영방송을 개혁하기 위한 방안을 내놓고 국민을 설득해야 한다. 무엇이 두려운가. 공영방송의 주인은 국민이다. 먼저 그 국민의 마음을 얻는다면 거대 야당도 언론 노조도 무서울 것이 없지 않겠는가.

〈2023년 4월 21일 국회, 제5차 정책토론회는 '공영방송 정상화: 좌표와 전략' 토론문〉

'그때는 틀리고, 미안하지만 지금도 틀리다'

아직 우리는 해야 할 일이 많다. 해야 할 일들이 산더미처럼 쌓여 있다. 틀린 건 고쳐야 한다.

최대한 빨리 고치는 게 좋다. 내일 해도 괜찮다고 미루는 사람들은 내일이 되어도 안 한다.

그들은 모레가 되어도 까맣게 잊어버린다. 그리고 다시 일이 터지면 그제서야 소리치며 쇼를 한다.

'너무 늦었다며, 우리가 빨리 해결해야 한다'고 주장한다.

하지만, 그때가 되어도 결국, 또 못 고친다.
왜냐하면 애초 무엇이 문제이고, 무엇을 고쳐야 하는지 제대로 알지 못하기 때문이다.
그것이 공감의 부재이다.
그때 가서 또 후회하지 않으려면 지금이라도 고쳐야 할 것은 과감하게 고쳐야 한다.
잘못된 것은 멈춰야 한다.
그리고 깊이 고민하고 국민의 소리를 들어 온전히 만들기 위해 노력해야 한다.

다시, 그리고 감히 말 하건데, "내일이면 늦는다!"

에필로그

나는 대한민국 국민이다.
그리고 대한민국 교육이 국민의 신뢰를 받기 바라는 학부모다.
그게 나의 진심이었다.

2009년 가을, 두 아이가 다니는 학교에서 당시 이명박 정부의 사교육경감정책에 응모하여 '사교육없는학교' 프로젝트에 참여하게 되었다.

국어 담당 인턴교사로 참여한 일은 내겐 더없이 소중한 경험이었다.

'비정규직의 비애'라는 맘 아픈 기억도 많았지만 영어 담당 인턴선생님이 신문 사이에 끼어 있던 영어독서프로그램 광고지 한 장을 교감선생님께 보여드리고, 만권이 넘는 영어도서를 구비하고, 국공립학교 최초로 전 학생이 무료로 온라인 퀴즈 프로그램을 이용하게 됐다.

10여 년이 지나 그 회사 대표님을 만났는데,
"선생님 덕분에 지금은 전국 400여개 국공립학교에서 우리 프로그램을 사용하고 있습니다."

진심으로 고맙다는 마음이 전해졌다. 얼마나 뿌듯하던지

광고지 한 장을 예사로 보지 않고 학교 정책에 이용한 일, 그 일이 아이들을 영어학원이 아니라 학교에 남기 한 것이다. 그때 그 건의를 받아주신 교감선생님도 인턴교사들의 목소리를 귀담아 들어주신 교장선생님도 참 고마운 분들이었다.

당시 학부모들은 영어학원에 보내지 않기 위해 국내 업체가 만든 영어독서 프로그램 외에도 국내 유명한 영어학원에서 이용하고 있는 공식적인 레벨테스트 프로그램과 더 높은 레벨의 아이들이 학습할 수 있는 프로그램을 도입해 달라고 요청했다. 그래서 교감선생님과 그 프로그램을 아주 잘 아는 학부모와 함께 밤새워 미국과 소통하며 결국 또 공교육 최초로 미국의 르네상스 러닝 SR(STAR Reading)과 AR(Accelerated Reader) 프로그램을 도입했다. 학부모들의 만족은 높았다. 그밖에도 학년별로 진행된 나의 생각 글쓰기 수업, 온라인 영어 프로그램을 이용한 영어독서 수업, 기초, 심화로 나눈 수준별 수학수업, 영어뮤지컬 수업 등 예체능 수업까지 방과 후에 학교는 늦은 시간까지 시끌벅적했다.

많은 선생님들이 교실을 내주어야 하는 불편을 감소하고, 많은 학부모들이 자발적으로 Volunteer로 참여하는 수고로움을 마다하지

앉았기 때문에 가능했던 일이다. 교장선생님이 몇 번 바뀌고, 담당 선생님의 강력한 의지가 없다면 지속적으로 유지되기 어려운 일이다.

2009년 9월부터 12월까지 4개월간 '사교육없는학교'를 만들기 위한 워밍업을 마치고, 겨울방학부터는 함께 했던 네 명의 인턴선생님은 재정상 방과후 강사로만 남고 나 혼자 사무 일까지 도맡아 해야 했다.

그런 상황에서 방과후 수업을 맞이하게 된 겨울방학 첫 수업이 있던 1월 4일, 100년 만에 내린 폭설 때문에 강사 선생님들은 길에 발이 묶이고, 학교는 수업 여부를 묻는 학부모들의 문의 전화로 아수라장이 되었다. 사회복무요원 선생님과 단 둘이 이리 뛰고 저리 뛰었던 그날은 여전히 내 기억에 악몽처럼 남아 있다.

겨울방학 내내 두 아이를 데리고 출근해서 난방도 제대로 안 되는 사무실에서 밥을 시켜 먹어가며 꾸역꾸역 맡은 일을 해냈던 가슴 아픈 기억까지 그 모든 것이 교육에 진심이었기 때문에 가능했던 일이다. 부산교육청에서 벤치마킹을 오고 학부모들의 만족도가 높아 인근 학교의 학부모들의 부러움까지 샀던 방과후프로그램. 그 일에 동참했던 것만으로도 뿌듯했다.

그렇게 매 순간 모든 일에 진심이었던 내 인생은 결코 순탄하지 않았다.

거저 얻는 것은 없었다. 그러나 함께 일했던 분들에게 '인정'이란 더 큰 보상을 받았다.

그것이 학벌도 돈도 없는 내가 당당한 이유다.

내세울 만한 것 하나 없는 사람은 인정받기 위해 훨씬 더 많은 시간과 노력을 들여서 나를 증명해야 한다. 그래서 난 늘 쉴 수 없었다. 나라는 사람을 증명하려고 가혹할 만큼 나를 채찍질했다.

내가 어느 대학을 나오고, 어떤 자리에 있는 게 중요한 것이 아니라 내가 어떤 사람인지 얼마나 떳떳한지 그리고 얼마나 필요한 사람인지 그것이 더 중요하다고 믿으며 살아왔다.

다행히 나와 함께 일했던 분들은 나를 그리워해준다.

그때 참 좋았다며. 그리고 그때 참 고마웠다며.

이제 시민운동을 하고 있는 나는 여전히 누군가에게 나를 소개할 때 고민한다.

무명의 시민운동가 스토리를 들어주는 사람은 많지 않기 때문이다.

그러나 나는 오늘도 당당하게 말한다.

"안녕하세요. 교육바로세우기운동본부 대표 박소영입니다."
"안녕하세요. 행동하는자유시민 대표 박소영입니다."

시민운동 6년여 만에 공동대표 직함은 열 손가락이 모자랄 지경이다.

사안이 시급할 때마다 목소리를 내기 위해 여러 단체가 연대해왔다. 모두 자유대한민국을 지켜야 한다는 그 마음으로 함께 했다.

때론 섭섭하고 억울한 상황이 벌어지기도 했지만 진심을 다하면 반드시 누군가는 안다.

시민운동을 해온 지난 시간 동안 나도 그런 분을 많이 만났다. 남을 인정해 주기보다 끌어내리는 일이 더 쉬운 시민운동 판이지만 진정성을 가지고 최선을 다하는 사람은 인정해준다.

그것이 내가 경험한 세상이다.

나는 가끔 두 아이에게 말한다.

"엄마는 너희가 엄마처럼 고생하면서 살지 말고 지금 할 수 있다면 더 열심히 해서 더 좋은 직업, 더 훌륭한 사람이 되었으면 좋겠다. 그러나 설사 만족스러운 성과를 못 얻었다 하더라도 자신감 잃지 마라. 네가 처한 자리에서 최선을 다하고 성실하게 하다 보면 언제나 기회는 올 거니까."

"필요한 사람이 되어라. 성실한 사람은 언젠가는 꼭 쓰임을 받게 되거든"

그렇다. 성실하게 최선을 다하는 사람은 누군가에게 쓰임을 받는다.

십여 년 전 기간제교사로 또 인턴 교사로 일했던 내가 대한민국 교육을 논하는 국가교육위원회 위원이 된 것처럼.

"안녕하세요. 국가교육위원회 위원 박소영입니다."

엄마, 박소영이 걸어온 길

- MBC 100분 토론 출연 - 논란의 '학종'…수시냐 정시냐 (2018.04.17.)
- EBS 교육대토론 출연 (2018.06.)
- YTN 특별토론 "우리 아이들의 대학입시" 출연 (2018.07.09.)
- 교육부 대입개편안 공론화 결과 발표에 대한 비판 공동 기자회견 (청와대 분수대, 2018.08.17.)
- 자유한국당 "2022년 대입제도 개편안 긴급진단 세미나" 참여 (2018.08.23.)
- 학종폐지, 정시확대 및 공정한 입시제도 촉구 촛불집회 (서울정부청사, 2018.10.06.)
- 내신비리 조장하는 학종 폐지 촉구 촛불집회 (서울정부청사, 2018.10.13.)
- '공정성 없는' 교육·입시제도 규탄 및 숙명여고사태 입시비리 근절 촉구 촛불집회 (광화문 세종로 파출소, 2018.10.27.)
- 숙명여고 사건은 학종이 부른 대참사! 교사 권력 앞에 학생 줄 세우는 수시 학종 폐지 촉구 기자회견 (2018.11.04.)
- 정관용의 시사자키 인터뷰 "숙명여고 논란, 핵심은 학종" (2018.11.12.)
- MBC 100분 토론 출연 – 숙명여고뿐일까? 커지는 불신 (2018.11.13.)
- YTN 수도권투데이 인터뷰 "수시, 공정하지 않다는 사실 인정해야" (2018.11.20.)
- 1차 '대한민국 학부모로 산다는 것' 국회 세미나 개최 (2018.12.8.)
- "SKY캐슬" 같은 비참한 교육 방관하지 말고 고교 대학 학종 (2019.01.28.)

- 정치편향 코드인사, 학부모 참여 없는 국가교육위 설립 반대 기자회견 (2019.03.15.)
- 국무총리실 시민사회비서관실 정책제안 참석 (2019.03.26.)
- 2022대입개편안 공론화 결과 무시하는 '2023년 대입개편안을 위한 토론회' 비판 기자회견 (건국대 강당, 2019.03.28.)
- 학생과 학부모가 배제된 밀실 회의 중단 촉구 및 대입공론화 결과 수용 촉구 기자회견 (서울그랜드호텔 앞, 2019.04.18.)
- 숙명여고 사건 공정한 재판 촉구 기자회견 (서울중앙지검, 2019.04.26.)
- TBS 민생연구소 '벼랑끝 자사고 폐지 논란' 토론 출연 (2019.07.)
- 조국을 비롯한 고위공직자 자녀와 대학의 입시비리 감사 촉구 기자회견 (고려대, 2019.8.23.)
- 조국을 비롯한 고위공직자 자녀와 대학의 입시비리 감사 촉구 기자회견 (서울대, 2019.8.23.)
- 조국 법무부장관 임명 철회 촉구 촛불집회 (세종문화회관, 2019.8.30.)
- "1등은 실력" 계속되는 숙명여고 쌍둥이 父女의 부정 (KBS뉴스 인터뷰, 2019.05.08.)
- "당장 정시 늘릴 일 없다 ..학종 '투명성'에 주력" (MBC뉴스데스크 인터뷰, 2019.09.04.)
- 생생토론 '교육 불평등 논란 어떻게 봐야 할까' (KBS뉴스 대전, 2020.09.09. 20.)
- '일반고 전환, 정시확대' 과장 확산...여론수렴 가능할까 (JTBC뉴스 인터뷰, 2019.10.26.)
- 정시 확대, 공정할까? (KES 열린토론, 2019.10.30.)
- '정시 확대, 교육 공정성 실현될까' 토론회 참여 (국회방송, 2019.10.30.)

- 자사고·외고·국제고 일괄전환, 불평등 완화인가 하향 평준화인가 (KBS열린토론, 2019.11.12.)
- 청와대가 국가권익위에 제출한 '조국 전 법무부 장관과 가족 수사의 인권침해 논란 조사 요청' 진정서 철회 촉구 기자회견 (정부청사, 2019.11.21.)
- 정부 대입제도 개선안 발표, 정시 확대 (광주MBC라디오 '황동현의 시선집중' 2019.11.29.)
- 인턴증명서 위조한 최강욱 외 2020총선 당선자 중 부적격자 사퇴 촉구 기자회견 (서울중앙지검, 2020.04.21.)
- 성추행 혐의로 자살한 박원순시장 아카이브 설치 계획 철회 촉구 기자회견 (서울시청, 2020.07.27.)
- 추미애 장관 아들 황제휴가 수사 촉구 및 당직사병 실명 공개한 황희 고발 기자회견 (대검찰청, 2020.09.15.)
- 대학입시 민주화운동전형 비판 기자회견 (연세대, 2020.10.09.)
- 문재인 대통령에게 묻겠습니다. 조국 딸 의사국시 합격, 공정하고 정의로운 나라 맞습니까? 기자회견 (청와대분수대, 2021.01.18.)
- 교사의 꿈을 짓밟고 보은성 코드인사로 공정의 가치를 훼손한 조희연교육감 사퇴 촉구 기자회견 (서울시교육청, 2021.04.26.)
- '도농상생급식'지원사업 관련 행정자료 등 서울시 정보공개 청구 (2021.04.30.)
- 준비되지 않은 '고교학점제', 우려점 커 (광주MBC라디오 '황동현의 시선집중' 2021.05.06.)
- 학생 페미니즘 세뇌 교육한 교사 비밀조직 수사 촉구 기자회견 (정부청사, 2021.05.10.)
- 불공정한 특혜 채용으로 청년들의 기회를 박탈한 조희연교육감 수사 촉구 기

자회견 (공수처, 2021.05.17.)
- 학생 페미니즘 세뇌 비밀조직수사 촉구 기자회견 1차 기자회견 (정부서울청사, 2021.05.10.)
- 학생 페미니즘 세뇌 비밀조직수사 촉구 기자회견 1차, 2차, 3차 기자회견 (청와대 분수 앞, 2021.05.15.)
- 학생 페미니즘 세뇌 비밀조직수사 촉구 기자회견 3차 기자회견 (서울시 교육청 앞, 2021.05.25.)
- 조국 자서전 '조국의 시간' 비판 기자회견 (2021.05.31.)
- 청년과 함께 만드는 조화로운 양성평등 '페미니즘 어떻게 생각회' 토론회 (신촌, 2021.06.03.)
- 국정원 원훈석 간첩글씨치가 웬말이냐! 박지원국정원장 사퇴촉구 기자회견 (국정원 앞, 2021.06.10.)
- 천안함 막말교사 파면 촉구 및 '천안함 망언방지법' 제정 촉구 기자회견(휘문고 앞, 2021.06.14.)
- 국가보안법 수호를 위한 긴급 기자회견 (국회 앞, 2021.07.06.)
- 코로나19 방역 실패와 4차 대유행을 2030 탓, 국민 탓하는 정부 비판 기자회견 (정부청사 앞, 2021.07.12.)
- 더불어민주당의 징벌적 손해배상법인 언론중재법 철회 요청 1인 시위 (국회 앞, 2021.08.05.)
- 국민의힘 교육백년대계 프로젝트 릴레이 교육정책 간담회 참여 (국회 정경희 의원실, 2021.08.09.)
- 언론독재법 철폐, 국민의 알권리 쟁취 필리버스터 2회참여 (2021.08.24.) (2021.08.30.)
- 국가보안법 폐지 반대를 위한 1인 릴레이 시위 참여 (2021.09.06.~2022.

05.09)
- 2022 서울·경기 교육감 선거 비전과 전략 세미나 (한국교육포럼, 2021.09.07.)
- 정철승 변호사 노인(김형석교수) 막말 폐륜행위 대한 변협에 진정서 제출 (2021.09.09.)
- '위기의 한국민주주의, 언론중재법 왜 문제인가?' 토론회 참여 (프레스센터, 2021.09.09.)
- 국가보안법 폐지 반대 1인 릴레이 시위 (국회 앞, 2021.10.01.)
- 국회 자유경제호럼 '청주 간첩단과 국가보안법' 정책세미나 참여 (국회, 2021.10.01.)
- 대장동 게이트 진상규명 특검 촉구 기자회견 (국회 앞, 2021.10.07.)
- 대장동 게이트 진상규명 특검 촉구 기자회견 (성남시청 앞, 2021.10.13.)
- 대장동 게이트 화천대유사건 부실수사 검사 고발장 접수 (공수처, 2021.10.18.)
- 대장동 피해자와 함께 대장동 게이트 진상규명 특검 촉구 기자회견 (경기도청 앞, 2021.10.20.)
- 대장동 게이트 진상규명 촉구 1차 촛불 집회 (대검찰청 앞, 2021.10.23.)
- 대장동 게이트 진상규명 촉구 2차 촛불 집회 (대검찰청 앞, 2021.10.30.)
- 대장동 게이트 진상규명 촉구 3차 촛불 집회 (시청 앞, 2021.11.06.)
- 대장동 게이트 진상규명 촉구 4차 촛불 집회 (시청 앞, 2021.11.20.)
- 대장동 게이트 진상규명 촉구 5차 촛불집회 '청춘 버스킹' (동화면세점 앞, 2021.12.04.)
- '대한민국 정상화 플랜 컨퍼런스' 교육분야 참여 (국회, 2021.11.08.)
- 공영방송 지배구조 개정안 반대 1인 릴레이 시위 참여 (국회 앞, 2022.04.

19.)
- 공영방송 지배구조 개정안 반대 1인 릴레이 시위 참여 (국회 앞, 2022.04.22.)
- 공영방송영구장악 결사반대 및 검수완박 결사저지 집회 자유발언 (KBS본관 앞, 2022.05.03.)
- 공영언론(KBS, MBC, YTN, 연합뉴스) 사장 퇴진 촉구 기자회견 참여 (국회 앞, 2022.07.20.)
- 제6차 MP기업경제포럼 '부자감세가 아니고 감세부자다' 토론회 참여 (국회, 2022.08.10.)
- 공영언론 사장 퇴진 촉구 규탄집회 참여 (여의도63빌딩 앞, 2022.09.02.)
- 가짜 방송 MBC 규탄 기자회견 및 집회 참여 (용산, MBC본관 앞, 2022.09.28.)
- 교육방송정상화 과제와 대안 토론회 참여 (국회, 2022.03.03.)
- 조희연, 또 '보은 인사'의혹…"교육감 위치 쎄지는 곳 많아, 감사원·공수처가 파헤쳐야" (데일리안 인터뷰, 2023.03.18.)
- 공영방송 영구장악법 반대 릴레이 시위 참여 (2023.04.03.)
- 공영방송 정상화: 좌표와 전략 토론회 참여 (2023.04.21.)
- 문재인 정권 교과서 무단수정 교육부 직원, 대법원 엄벌 촉구 기자회견 및 탄원서 제출 (2023.05.02.)
- 이승만대통령 기념관 건립 부지 제공 서울시 요청 기자회견 참여 (서울시청 앞, 2023.05.03.)
- 체제 수호법 국가보안법 합헌 촉구 기자회견 (2023.05.08.)
- '청소년 불법도박: 우리 아이들이 위험하다' 세미나 공동주관 (국회, 2023.06.05.)

- '청소년 마약 사범 폭증 지금 막아야 한다' 세미나 공동 주관 (국회, 2023. 07.03.)
- 서울시 조희연 교육감의 〈공직비리 범죄 서울고법 2심〉 재판과정 비판 및 엄벌 촉구 기자 회견 (서울중앙지검, 2023.08.07.)
- KBS 정상화를 위한 8.17 범국민대회 참여 (KBS 본관 앞, 2023.08.17.)
- 교사를 선동꾼으로 만드는 조희연 교육감 사퇴 촉구 기자회견 (서울시교육청, 2023.08.28.)
- 2023역사교육정상화 세미나 '우리나라 근현대사 교육의 문제점과 대안' 주관 (프레스센터, 09.21.)

칼럼

- "숙명여고 사태는 빙산의 일각…학교 비리 이미 일상화"(서울신문, 2018. 11.05)
- "학종의 덫에 빠진 대한민국 학부모로 산다는 것은…"(에듀인뉴스, 2018. 12.12.)
- "혁신학교, 양적확대 줄이고 질적 성장 추구해야 할 때"(에듀인뉴스, 2019. 01.06.)
- "대한민국 교육 망치는 진보교육단체와 끼리끼리 교육부"(에듀인뉴스 2019.09.29.)
- "'정시'가 교육 망친다? 교육부가 국민 뜻 무시"(오마이뉴스,2019.10.10.)
- "서울대 꼼수 방관하는 교육부 '2022대입 정시 확대 약속 지켜라'(에듀인뉴스 2020.04.03.)
- "대한민국에 공정과 정의는 없다…조국·추미애 사태의 단상〈뉴데일리 2020.09.10.)
- "공공의대, 또 다른 괴물을 만들자는 것인가"(에듀인뉴스, 2020.09.03.)
- "여당 단독처리로 '초당·초정권적' 국가교육위 설치한다고?"(교육플러스, 2021.06.08.)
- "천안함 망언 교사, 개인 일탈이라기엔 '선'한참 넘었다."(교육플러스, 2021.06.18.)
- "고려대는 꼼수부리지 말고, 조민 입학 당장 취소하라"(뉴데일리 2021.

12.02.)
- [박소영의 나라교육] "죄책감 없는 김남국, 교육이 우습나" (데일리안 2023. 06.18.)
- [박소영의 나라교육] "6.25전쟁 계기 교육이 사라져간다" (데일리안 2023. 06.25)
- [박소영의 나라교육] 사교육 걱정하게 만드는 세상 (데일리안 2023.07.19.)
- [박소영의 나라교육] 서이초 새내기 초등교사 죽음 통해 본 단상 (데일리안 2023.07.22.)
- [박소영의 나라교육] 이재명의 초등학생까지 이용하는 비정한 선동 정치 (데일리안 2023.08.12)
- [박소영의 나라교육] "조국 궤변에 웃음만 난다"…딸 조민 기소는 공정성 회복 위한 당연한 결과 (데일리안 2023.08.13.)
- [박소영의 나라교육] 학부모가 본 윤석열 정부 2028 대입 개편안 (데일리안 2023.10.11.)

추천사

박소영 대표는 누구보다 교육현장을 잘 아는 사람.

자녀교육에 관심을 가진 학부모로서 교육의 문제점을 발견하고는 현장으로 뛰어들어 직접 보고, 말하고, 건의한 교육현장의 전문가이다.
교육개혁의 필요성을 누구보다 절감하는 사명자로서 정권에 따라 바뀐 누더기가 되어버린 교육을 바로 세워 백년대계를 준비하자는 교육개혁의 적임자다.

박소영 대표의 소신은 명료하다.
"교육이 바로서야 나라가 바로선다"는 것.

행동하는 교육현장의 전문가가 쓰신 책을 강력히 추천한다.

아홉길사랑교회 담임, 서울시 기독교총연합회 대표회장
기독교 대한하나님의성회 총회장
김봉준 목사

추천사

박소영은 내가 아는 그 누구보다도 정의, 열정, 헌신이라는 단어를 보여주는 사람이다.

평범한 학부모로서 출발해서 국가교육위원에 이르기까지 대한민국의 비뚤어진 교육을 바로 세우기 위해서 지난 10여년을 열정적으로 달려온 궤적을 담아낸 이 책은 우리 교육의 미래를 생각해보게 한다.

(사)바른인권여성연합
전혜성 사무총장

추천사

  이 가을이 깊어가는 날, 교육운동 시민단체 박소영 대표가 또 하나 의미심장한 책을 펴냈다.
  그 바쁜 와중에 대단한 열정이 아닐 수 없다.

  '내일이면 늦는다' 그 제목이 상징하는 것처럼 무엇이 가냘픈 그녀를 이렇게 내몰고 있을까
  바로 교육계, 나아가서 우리 사회 전반에 걸친 부조리를 보고는 지나칠 수 없는 성품 탓이다. 그녀를 보면 과거 영국과 프랑스 사이의 백년전쟁에서 무너져가는 프랑스를 지킨 홀홀단신 여전사 잔 다르크가 연상된다.

  잔 다르크가 환생한 듯한 그녀를 보면 이제 그 열정에 동참하고 싶어진다.

박인환 바른사회시민회의 공동대표
경찰제도개선위원회 위원장

추천사

　최근 20여년 간 대한민국의 공교육은 초중고 학생들의 심각한 학력저하, 공교육의 정치편향성, 대입 수시입학전형의 불공정성 등으로 사실상 중병에 걸린 만신창이가 되어 왔다.
　박소영 국가교육위원회 위원은 이를 바로 잡기 위해 공정한 대입과 교육의 내실화를 열망하는 학부모, 교사, 국민들과 함께 정시확대운동을 주도하여 2019년 교육부의 정시확대와 수능상대평가 유지 결정을 끌어내었고 역사교과서의 편향성 문제, 왜곡된 성교육, 학생인권조례 문제 등 산적한 현안들을 지속적으로 제기하며 무너지고 있는 공교육을 바로 세우는데 중추적 역할을 해온 교육계의 영웅이다.

　이 책은 그동안 박소영 위원이 전국을 누비며 병들어 가는 교육현장의 실상을 교육당국과 국민들에게 알리고 이를 치유하기 위해 투쟁한 과정을 생생히 담은 살아있는 증언이다.
　교육의 힘을 믿는 모든 이들에게 일독을 권한다.

현혜정 (경희대학교 국제대학 교수)

추천사

박소영 대표의 꿈을 함께 이루기를!

박소영 대표의 책 출간에 기대가 크다. '책은 사람이다'는 말이 있듯이 박 대표가 쓴 책에는 그의 삶과 사랑, 그리고 열정과 꿈이 담겨 있기에 말이다. 더욱이 교육이 국가백년지대계의 본산이기는커녕 부정과 불신, 갈등과 폭력의 본산처럼 된 상황에서 그동안 입시부정과 이념갈등으로 점철되다시피 한 교육현실을 비판하면서, 그것을 바로잡기 위해 온몸으로 노력해온 박소영 대표의 책이어서 말이다.

박소영 대표는 교육개혁뿐만 아니라 다양한 부문의 시민운동을 해왔는데, 특히 나와 함께 특권폐지 국민운동본부의 공동대표로서 국회의원을 포함한 고위공직자의 특권을 폐지하는 활동을 열심히 해왔다. 이런 활동을 하다보면 행사를 많이 하는데, 그럴 때마다 그가 사회를 보는 일이 대단히 많았다. 그래서 그의 별명이 '사회주의

자'가 되었는데, 사회주의 이념을 신봉하는 의미의 '사회주의자'가 아니라, 사회를 잘 본다는 의미의 '사회주의자' 말이다.

  사회를 잘 본다는 것이 쉬운 일이 아니다. 뜨거운 애국심과 투철한 정의감, 그리고 탁월한 지도력이 있어야 사회를 잘 볼 수 있기 때문이다. 이 책에도 그의 이런 인품과 능력이 담겨 있음을 믿으면서, 아무쪼록 이 책에 담겨 있을 그의 사랑과 열정과 꿈을 많은 분들이 공유할 수 있기를 바라며, 특히 교육개혁을 향한 그의 열정에 찬 꿈이 이루어지게 하는 데 많은 분이 동참하기를 바란다.

신문명정책연구원 대표

장기표

책의 내용은 교육의 힘이며,
이 힘으로 우리의 미래를 만들고
삶을 변화시킬 수 있습니다

말랄라 유사프자이
Malala Yousafzai

엄마는 네가 공정한 사회에서
살아갈 수 있길 바랄 뿐이야.

Mom just wants you to live in
a fair society.

공정

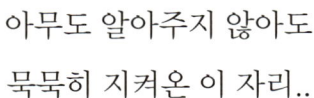

아무도 알아주지 않아도

묵묵히 지켜온 이 자리..

Even if no one recognizes me

This place that I kept silently..

그 투쟁에서 실패할 수도 있다는 개연성 때문에
정당하다고 믿는 대의를 지지하는 데서
물러 서서는 안된다.

The probability that we may fail
in the struggle ought not to deter us
from the support of a cause
we believe to be just.

대장동..그 분

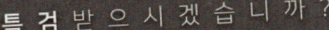

국가를 지켜주는 법을 없애려는 사람..
국가를 지켜주는 법을 지키려는 사람..
Someone who wants to get rid of the law that

protects the country..

Someone who wants to protect the law that

protects the country..

행동하는자유시민

행동하는자유시민

국회의원 특권폐지운동

포괄적차별금지법반대

재정건전성을 위한 기자회견

청소년불법도박대책

청소년마약사범대책

청소년마약사범대책

입시가 이렇게 복잡한 것을 나만 몰랐던 걸까?
뒤늦은 후회와 죄책감 때문에
엄마로서 뭐라도 해야 했다!
그렇게 시작한
입시 비리 근절..
정시 확대 운동..

-프롤로그 중에서